誰說盡上海

——《長恨歌》與《福民公寓》之比較

喻智官 著

飛馬國際出版社

目次

誰說盡上海

——《長恨歌》與《福民公寓》之比較

前輩著名作家白樺一篇平平淡淡的人物散記《我的鄰居路先生》，却如道行精湛的武林高手，只用一指（禪）輕輕點穴王安憶的《長恨歌》，這部「經典」「名著」就拉胯散架，其主題立意、人物形象都無以立世。

幸遇「路先生」，他壯我「鼠膽」，催我拿出壓在抽屜的拙稿。

——題記

前言 斗膽「文學碰瓷」

沒有比寫這種文字更令人躊躇了，有好幾次，我在電腦前沉吟半晌，最終沒有叩擊鍵盤。

拙作《福民公寓》圍繞文革，書寫一九四九至一九八〇年代上海市民的生死歌哭。不出我預料，因內容犯忌想在大陸出版而不得，只能先後在香港（二〇〇四年）和臺灣（二〇一二年）付梓。我把《福民公寓》郵寄給大陸的同學，被海關沒收，就歸爲「禁書」了。所幸有網絡，可以把文稿上傳進大陸，便聊勝于無地賴以自慰。

二〇一六年後，我每次在網上搜索《福民公寓》的反應，總會跳出一則評論《長恨歌》的跟帖：「喻智官的《福民公寓》寫的比《長恨歌》好。」出現在名爲「寬帶山」的網站，是網名「大時代」的上海讀者所言。

我是一個獨立寫作者，向來與國內文壇無涉，更無與國內作家作品攀比的意識。儘管如此，拙作得到不相識的讀者的謬贊，如意外撞見石頭縫開出的一朵小花，不免驚喜，也令我心生好奇，想搞清「大時代」論斷的來由，便查看有關《長恨歌》的評論。

王安憶自己說《長恨歌》：

> 在那裏邊我寫了一個女人的命運，事實上這個女人只不過是城市的代言人，我要寫的是一個城市的故事。[1]

李歐梵說：

---

1 王安憶：更行更遠還生——答齊紅、林舟問。

王安憶的《長恨歌》描寫的不只是一座城市，而是將這座城市寫成一個在歷史研究或個人經驗上很難感受到的一種視野。[1]

陳思和說：

王安憶的《長恨歌》則是刻意地爲上海這座城市立像，她不但寫出了這個城市的人格形象，也刻意寫出了幾代市民對這個城市曾經有過的繁華夢的追尋。[2]

網上書店如此推介《長恨歌》：

一個女人四十年的情與愛，被一枝細膩而絢爛的筆寫得哀婉動人，其中交織著上海這所大都市從四十年代到九十年代滄海桑田的變遷。

……

上述譽美之詞表達的都是一個意思，即一部《長恨歌》，一個王琦瑤，說盡了上海這座城市和上海人那些年的故事。

讀到這些，我無法抑制駁詰的意欲。

世界名著中有《簡愛》式的愛情故事；有《茶花女》式的情愛故事，却沒聽說過，簡愛是英國（或英國某地）的代言人；瑪格麗特是巴黎的代言人，甚而反映了整個巴黎的故事。簡愛和瑪格麗特不能的事，王琦瑤憑啥能？

---

1 李歐梵：花踪世界華文文學獎發獎詞。

2 陳思和：中國現當代文學名篇十五講。

評論家何言宏也發過類似疑問：

> 王琦瑤對命運的無端臣服取消了人物的精神性格和生存狀態的複雜內涵與真實面貌，而使她只成了一個王安憶個人用以演繹「上海想像」的含義單一的抽象符號，一個不折不扣的概念化的「扁平人物」。我們不禁要問，這樣的符號和這樣的人物，難道真是代表了上海？[1]

問題的關鍵是，王琦瑤的故事發生在一九四〇年代末到一九八〇年代中期，那是上海自一八四三年開埠以來最黑暗的年代，王安憶要王琦瑤「代言」那時的上海及上海人！等于用五色筆彩繪那個年代，而恝置抹去幾代人承受的橫禍。

對此，何言宏遺憾地「承認」：

> 在王安憶通過王琦瑤的形象所提供的上海之外，我并沒有能力向人們提供另外一個簡單化的和本質化的上海。我只知道，在王安憶的上海之外，還有一個血脉賁張的上海。那是「五卅」的上海、左翼的上海和抗戰的上海，當然還有「文革」之中不無瘋狂和劍拔弩張的上海，更有人們心目中工商的上海。[2]

此言撩動了我的心緒。《福民公寓》與《長恨歌》叙述的是同時代的上海，內容恰似何言宏所尋求的一個「本質化的上海」，一個「『文革』之中不無瘋狂和劍拔弩張的上海」。儘管《福民公寓》也不能涵蓋那幾十年的上海，但還是可以與《長恨歌》擺一擺，兩者誰說盡了上海？也鑒定一下「大時代」對《福民公寓》的謬贊是

1 何言宏：王安憶的精神局限。

2 何言宏：王安憶的精神局限。

否成立。

然而，此念一起，自尊就令我怯場。

王安憶可是當下炙手可熱的中國文壇一姐。且不說她身居中國作協副主席兼上海作協主席高位，她的作品數量說著作等身見小，得用汗牛充棟形容。她寫的小說總數超過魯迅、矛盾、巴金、沈從文等民國幾大文豪。而《長恨歌》不僅獲國內茅盾文學獎，還得了海外華文文學獎。「文壇」無名之輩寫的《福民公寓》去挑戰「經典」《長恨歌》，除了平添「文學碰瓷」的笑料，能得到啥？

我一次次壓下欲罷不能的蠢動，直到近日讀到文學評論家沈喜陽文章中這樣一段話：

> 具有恐怖色彩的是，《長恨歌》的這種半截真實的虛假敘事會隨著它在當代的經典化（比如獲獎之類）而變得在後人眼裏成爲一種真實敘事。時代變得越久遠，它的這種「真實」就變得越真實，連它的「虛假」也就變得越真實。這種由假變真是可怕的，于是所謂的還原歷史也就成爲一種虛假的還原。[1]

「具有恐怖色彩」幾個字戳動了我的神經！想到百年後的人看到《長恨歌》，以爲那就是上海百年前的人物樣貌，并作爲瞭解百年前上海歷史的佐證，我無法平復自己的驚悸。我沉重地意識到，論說《福民公寓》和《長恨歌》，不僅僅是爭議一部作品的真僞，而是爲上海那段不能忘却的歷史辯，更是爲在那段歷史中慘遭淩辱和罹難的上海人辯！我不再畏葸，不再顧及個人名聲的毀譽得失，斗膽辯析《福民公寓》與《長恨歌》，誰能以資後人解讀真實的今天？

1 沈喜陽：論《長恨歌》的半截性。

第一部分　《長恨歌》———一部臆造社會現實的作品

王安憶從文革後至今一直是當紅作家。

早年我讀過她的一部中篇《流逝》。小說講述一個資本家兒媳在文革動蕩歲月的意識和行爲流變。儘管內容過于溫馨，結尾過于粉飾，但小說比較準確地寫出了人物的性格脉絡，是我「見過」的活在身邊的上海人。後來聽到她的《長恨歌》獲獎，就買來一本，但看到一半就放弃了。是次爲臻于客觀，便耐下心費時研讀。

詎料，逐字逐句閱畢，我不敢相信，已成「經典」的《長恨歌》如此不經「挑剔」。書中人物、情節、場景的失真和錯訛，不必用上海真實的事像及世相去衡量，小說前後矛盾無法自洽的描述，信口開河不證自明的硬傷俯拾皆是，臚列出來足以讓它自我否定。儘管主角王琦瑤被纏綿饒舌的王式詞語修飾，看上去簇錦綴綉的華麗，却像時下大陸的食品包裝，精緻的盒子外加了一層又一層亮眼的蠟光紙，內裹不過盛著幾個甜得發膩的糕餅。

然而，查閱評論《長恨歌》的各類文章，多數在不吝褒譽的同時，都在探討「都市小說的書寫」、「女性主義的表達」之類高深議題。少數批評文章也幾乎不談小說的創作基礎，人物形象是否合情？故事情節是否合理？時代氣息是否合實？也許評論家沒工夫斟字酌句，也許讀了也不在意。

對此，評論家陳思和有一段話說得不錯：

> 評論家的評論對象最好是同代人——請注意，我這裏說的

是評論家的評論對象，不是學者的研究對象。這些概念是不同的。原因很簡單，同代人是在同一個時代氛圍下成長起來，作家創作的發生及其所要表達的意思，同代的評論家能够設身處地、比較直接地給予理解，他們對作品內涵的把握也比較準確。[1]

我想補充的是，要準確把握《長恨歌》，僅僅是同代人還不够，還必須是同時代的上海人，書中許多破綻一般外地人很難辨識，更別說不「在同一個時代氛圍下成長起來」的外籍漢學家，比如李歐梵、王德威們。當然，即使大多數上海評論家包括陳思和，每遇上海作協主席王安憶出作品，也都蜂起逢迎附和唱好，却幾稀不留情面的犀利批評。所以，不妨來看旅居海外的老上海人，比如在美國的作家、評論家李劼和在澳洲的作家、評論家黃惟群怎麼說。

先聽李劼說《長恨歌》：

王琦瑤的當選「上海小姐」，似乎也不能讓讀者十分信服。估計作者對這類行當相當陌生，只是爲了讓小說吸引人而濫竽充數，爲此還不惜工本地作了如此冗長的鋪墊。

從第二章開始，作者以更加細膩，更加精緻方式，進行一種無軌電車式的寫作，一場浩浩蕩蕩的叙事兜風。凡是關鍵的地方，總是被叙事者回避得十分徹底。

至于（王琦瑤）這個女人在大饑荒的年代裏是如何度過的，在文化大革命當中又是如何度過的，全都一片空白。最後在改革開放的年代裏，突然被小偷殺死了。

1 陳思和：一份漫長的觀察與理解——張新穎《斜行綫——王安憶的大故事》序。

小說的聰明在于把這關鍵的部分，以一個小孩子（私生女）的年齡一筆帶過。但小說的漏洞恰好也在于，爲什麼偏偏略過了這致命的十五年（一九六一——一九七六）？

我是對整個小說從根本上懷疑的，懷疑其真實性，懷疑其叙事的誠實度和誠信度。

當然了，我猜測有些人是不願意如此懷疑的。比如李歐梵教授，或者王曉明同志。我相信假如喬姆斯基或者哈貝瑪斯，讀了這樣的小說，也不會像我這麼懷疑。但我同時相信，有許多中文讀者尤其是上海的讀者，讀了這部小說，一定會像我這麼懷疑的。[1]

同爲上海讀者，我不僅懷疑，還可認證李劼懷疑的理據。

既然《長恨歌》寫了一個城市的故事，而且王安憶還刻意用人物複數「王琦瑤們」，「薇薇她們」「你細細看去，（薇薇）她們幾乎一無二致的……」等做注解。那麼談論《長恨歌》不可能游離一個城市的政治和歷史，但《長恨歌》是文學作品，得先撇開政治和歷史話題，僅就小說文本的藝術性立論，當然是用王安憶奉行的「寫實主義」標準，而不以卡夫卡寫《城堡》和《變形記》的方式去評斷。

1 李劼：中國八十年代文學歷史備忘。

一　王琦瑤——一個無根無底的「上流社會淑媛」

中國傳統戲劇的角色分生旦淨末醜等行當，演員演技的好壞就看他（她）是否活現派定的角色。王安憶讓王琦瑤扮演老上海的「滬上淑媛」：

> 這名字是貼著王琦瑤起的。她不是影劇明星，也不是名門閨秀，又不是傾國傾城的交際花，倘若也要在社會舞臺上占一席之地，終須有個名目，這名目就是滬上淑媛。[1]

後面又借資本家兒子康明遜之口說：

> 像王小姐這樣的儀態舉止，一看就是出自上流的社會，倒不是我輩可攀比的了。

這樣，王琦瑤就成了「上流社會淑媛」。

淑媛一詞按字典解釋，是形容出身優越美好，氣質閑雅貞靜的女子。從尋常弄堂走出的王琦瑤，年芳十六，容貌不凡，家境小康，上過初中，勉強夠格。爲使她名副其實，又讓她的相片上雜志封二，還放進照相館櫥窗，再讓她參加上海小姐評選，拿到第三名。最後，王琦瑤被國民黨高官李主任顧慕、包養，「淑媛」就前綴了「上流

1　文中所引用的《長恨歌》內容，均爲人民文學出版社 2020 年 8 月印刷版。

社會」。

王琦瑤雖然攀上李主任，但兩人相處不到半年，期間也是王琦瑤饑渴等李主任臨幸了幾次，却沒隨李主任參加過一次上流社會的社交活動，更沒結識過一位上流社會的的人。所以，王琦瑤一九四九年前的所謂「上流社會淑媛」是無從談起的。但作者按這個名分編王琦瑤的故事，我們就依此勘檢她的舉止行操是否合格。

蔣麗莉爲支助王琦瑤競選「上海小姐」，熱心邀她來家裏住（毫無必要地請同學寄居，是上海人聞所未聞的奇事），王琦瑤竟欣然前去，而她父母竟也放心讓十六歲女兒住陌生人家，有一點淑媛的家風嗎？

接下來的場景更離譜了。半大女孩

> 王琦瑤住過去之後，幾乎是義不容辭的，當起了半個主子，另半個是（蔣家）老媽子。第二天的菜肴，是要問她；東西放哪裏，也是她知道；老媽子每天報帳，非要她記才軋得攏出入。王琦瑤來了之後，那老媽子便有了管束，夜裏在下房開麻將桌取締了；留客吃飯被禁止了；出門要請假，時間是算好的；早晨起來梳光了頭髮，穿整齊鞋襪，不許成天一雙木屐呱嗒呱嗒的響。于是，漸漸的，那半個主子也叫王琦瑤正本清源地討了回來。

還是學生的王琦瑤即便在自家也不會如此吧？却去蔣麗莉家反客爲主當起主子，全然不懂客居者應有的禮數，哪是淑媛所爲？

最出彩的是王琦瑤走出蔣家的情景。

王琦瑤把爲她拍照的程先生介紹給蔣麗莉。蔣麗莉愛上了程先生，程先生却只愛王琦瑤，蔣麗莉得知後就和王琦瑤有了芥蒂。

王琦瑤在蔣家待不下去了，就向程先生髮牢騷說：「我家裏也天天打電話要我回去，可蔣麗莉就是不放，說她家就是我家，她不明白，我還能不明白，我住在蔣家算什麼，娘姨？還是陪小姐的丫頭，一輩子不出閣的？我只不過是等一個機會，可以搬出來，又不叫蔣麗莉難堪的。」

聽這話，再對照她先前在蔣家「當管家」的興頭勁，別提「淑媛」兩字，上海人只會忍不住罵一句「十三點」！
王琦瑤委身李主任的過程更現眼了。

李主任四十多歲，正房妻子在老家，是父母之命，媒妁之言。另有兩房妻室，一房在北平，一房在上海。而與其厮混過的女人就不計其數了。

輪到十九歲的王琦瑤連小妾也不是，按時下的說法已屬「四奶」。然而，王琦瑤婉拒真心愛她的青年程先生，卻對老男人李主任「一見鍾情」。李主任讓王琦瑤去他入股的一家百貨大樓開張剪彩，又請她吃了兩次飯，就把她弄得魂不守舍。

以後的幾天裏，李主任都沒有消息，此人就像沒有過似的。可那枚嵌寶石戒指（李主任送給她的）却是千真萬確，天天在手上的。王琦瑤不是想他，他也不是由人想的，王琦瑤却是被他攫住了，他說怎麼就怎麼，他說不怎麼就不怎麼。李主任要給王琦瑤租房子，王琦瑤就說，明天呢？這一來李主任就被動了，因那房子只是說說的，并未真的租好，只能說還得等幾天，這才緩住了王琦瑤。

面對一個家有三位妻妾、把女人當玩物的老男人，王琦瑤沒有布爾喬亞的矜持，也沒有應對追求的精神衝突，而是任李主任擺布，還裝模作樣地歸于「命運」。

> 王琦瑤也不是愛他，李主任本不是接受人的愛，他接受人的命運。他將人的命運拿過去，給予不同的負責。王琦瑤要的就是這個負責。

這裏的「負責」就是金錢享樂的代名詞，王琦瑤近乎賣身地得到了這個「負責」。明明是賣身，但王琦瑤的表現却是「一往痴情」，好像在與李主任真誠「戀愛」。李主任消失了一個月，王琦瑤盼得「人瘦了一輪，眼睛顯大了，陷進去，有些怨恨的。」而且，一見面就「偎到李主任的懷裏」，他們又見了兩、三次面，一周後，李主任爲王琦瑤租了愛麗絲公寓，王琦瑤就和李主任上床了。

李主任除了官位和金錢，身上絲毫不見吸引年輕姑娘的魅力，不知「淑媛」王琦瑤對他的痴情來自何處？

對此，評論家何言宏直指肯綮：

> 這樣一種抽象玄虛、似乎已是歷經滄桑的命運感，我們在當時只有十八、九歲的王琦瑤的精神、性格與經歷中，找不到一絲一毫的現實依據，完全由作家强加給了人物。[1]

令人費解的是，王琦瑤的父母也迫不及待盼李主任。

> 這幾日，家裏人待王琦瑤都是有幾分小心的，想問又不好

---

1 何言宏：王安憶的精神局限。

問。……每天總是好菜好飯地招待（她），還得受些氣的。做母親的從早就站到窗口，望那汽車，又是盼又是怕，電話鈴也是又盼又怕。全家人都是數著天數度日的，只是誰也不對誰說。

王琦瑤家既屬小康，應無衣食之憂，她父母却不珍惜自己的女兒，竟喜不自禁讓女兒當「貴人」的「四奶」。作者也知道這樣有悖情理，勉強解釋：「上海弄堂裏的父母都是開明的父母，尤其是像王琦瑤這樣的女兒，是由不得也由她」的。民國時期上海的開明，應該是自由婚戀，哪有把被人包養稱爲「開明」的？

「李主任將她安置在愛麗絲公寓之後，曾與她共同生活過半個月。」此後「李主任便是來也匆匆，去也匆匆，有時過一夜，有時只有半天。」這就是王琦瑤和李主任的全部生涯，還沒跟李主任混進「上流社會」，李主任就飛機失事猝死了。然而，王安憶憑此給王琦瑤套上了「上流社會淑媛」的光環。

儘管如此，王琦瑤此後的一言一行都是對這個名號的糟蹋。

從一九五七年開始，王琦瑤熱衷邀請嚴師母、康明遜、薩沙來打牌喝下午茶。不久，她和康明遜有私情懷上了孩子，爲遮掩康明遜，又主動與薩沙交媾，讓他李代桃僵。

到一九八〇年代，年近六十的王琦瑤以民國范兒混迹于一批時髦青年，還被二十六歲的「老克臘」愛上。老克臘經常去王琦瑤家吃飯。有一次，王琦瑤一邊對老克臘說：「你真是個孩子！」一邊引誘地「伸手撫了下他的頭髮」，兩人由此開始了媾合。後來老克臘嫌她年老色衰要離開她，她却倒過來纏著他不放。

縱觀王琦瑤的情愛故事，哪有「上流社會淑媛」的端莊雅潔？

再看王琦瑤身爲母親的表現。

王琦瑤只有一個私生女薇薇，母女倆却啥事都不對付。薇薇談了男朋友小林，如今，王琦瑤對小林比對薇薇更信得過，有事多是和他商量，也向他拿主意。

難怪薇薇吃醋，不滿地對小林說：

你和我媽倒有話說。小林說：這有什麼不好嗎？薇薇說：不好！就不好！

王琦瑤決定和薇薇及小林三人一起去杭州旅游，

臨走前，趁薇薇去上班，（王琦瑤）把小林叫到家裏，交給他一塊金條，讓他到外灘中國銀行去兌錢，并囑他不要告訴薇薇。

王琦瑤的舉措顛覆人之常情，居然信任女兒男友勝過女兒？不過，讀者還在納悶，她已經翻臉了。旅游期間，有次薇薇和小林沒叫王琦瑤一起外出，她立即當著小林的面「冷笑」著對薇薇說：

你不要以爲你有男人了，就可以不把別人放在眼睛裏，你以爲男人就靠得住？將來你在男人那裏吃了虧，還是要跑回娘家來，你可以不相信我這句話，可是你要記住。

到此，似乎還不够熱鬧，他們還「亂倫」起來：

小林看出這場口角的危險，便過去拉薇薇走，薇薇打開小林的手：你總是幫她，她是你什麼人！話沒落音，臉上就挨了王琦瑤一個嘴巴。薇薇到底是只敢還口不敢還手，氣急之下，也只有哭這一條路了。小林則往外拉她，她一邊哭一邊還說：你們聯合起來對付我！……停了一會兒，薇薇將他的臉扳過來，問道：你和她好還是和我好？

這番婦姑勃溪不堪入目，母親不像母親，女兒不像女兒，彼此上演起爭風吃醋的戲碼。

小林要去美國留學，薇薇問王琦瑤要去一枚嵌寶戒指，

王琦瑤幾乎要落下淚來：薇薇你真是瞎了眼，嫁給這種男人！

待男人太好，不會有好結果。

毫無原由極度信任小林的王琦瑤，又毫無原由地極度仇視他，完全是喜怒無常的家庭婦女嘴臉，哪裏有「上流社會淑媛」的氣度？再說，女兒身上都有母親的影子，「上流社會淑媛」的獨生女會是薇薇的樣子嗎？

這就是王安憶荒腔走板「導演」出來的王琦瑤，把她不熟悉的「上流社會淑媛」演得支離破碎。

其實，不用我費筆墨挑刺戳穿，作品自身也否定了王琦瑤的「上流社會淑媛」身份。

王琦瑤住進了愛麗絲公寓：

這樣的公寓還有一個別稱，就叫做「交際花公寓」。「交際花」是唯有這城市才有的生涯，它在良娼之間，也在妻妾之間，它其實是最不拘形式，不重名只重實。

言下之意，王琦瑤只是介于良娼的「交際花」，儘管王琦瑤的表現連交際花也算不上，但交際花也不配稱「淑媛」的。

蔣麗莉的母親得知王琦瑤住進愛麗絲公寓後說：

> 這樣出身的女孩子，不見世面還好；見過世面的就只有走這條路了。

蔣麗莉遺憾地想：

> 王琦瑤是受過教育的，平時言談裏也很有主見，怎麼會走這樣的路，是自我的毀滅啊！

王琦瑤自己也對蔣麗莉坦承：

> 我知道你心裏在想什麼，我還知道你母親心裏在想什麼，你母親一定會想你父親在重慶的那個（外室）家，是拿我去作比的。……在你的位置當然是不好說，是要照顧我的面子，那麼就讓我來說。

王琦瑤對吳佩珍坦承：

> 我是妻不妻，妾不妾，只有你，嫁得如意郎君。

後來王琦瑤和康明遜偷情生了私生子，程先生來幫忙照顧，嚴師母見了，「不清楚究竟發生了怎樣的事，但自視對王琦瑤一路的女人很瞭解，並不大驚小怪。」

（王琦瑤）的腹部一日一日地顯山顯水，都看在了平安裏的眼中。平安裏也是蠻開通的，而且經驗豐富，它將王琦瑤歸進了那類女人，好奇心便得到了解釋。這類女人，大約每一條平安裏平均都有一個，她們本應當集中在「愛麗絲」的公寓裏，因時代變遷，才成了散兵游勇。有時，平安裏的柴米夫妻爲些日常小事吵起來，那女的會說：我不如去做三十九號裏的王琦瑤呢！男的就嘲笑道：你去做呀，你有那本事嗎？女的便啞然。也有時是反過來，那男的先說：你看你，你再看三十九號裏的王琦瑤！那女的則說：你養得起嗎？你養得起我就做得起！男的也啞然。

平安裏的鄰居們也把王琦瑤歸爲有賣身嫌疑的那類女人，而不是受人艷羡的「上流社會淑女」。

從以上描述看，王琦瑤到底是啥身份，王安憶本人都定不下來。稱她爲「滬上淑媛」時，說她「不是傾國傾城的交際花」；讓她住進愛麗絲公寓時，她又「成」了交際花；後面又說，「在嚴師母眼裏，王琦瑤不是個做舞女出身的，也是當年的交際花」；還通過蔣麗莉母女及平安裏的鄰居之口，甚至王琦瑤本人的說法，差不多把她視爲半個妓女（所謂良娼之間，（那）一路的女人，那類女人）；而在康明遜嘴上王琦瑤是「上流社會」的，此後又讓她儼然以「上流社會淑媛」的面貌行事。

因此，唯一可確定的是，身份混亂的王琦瑤絕不是貨真價實的「上流社會淑媛」，而只能是評論家徐秀明一針見血點出的：

王琦瑤始終是個有形無神、莫名其妙的木頭美人。沒辦法，這位『滬上淑媛』屬市井的老上海，與王安憶童年進駐的紅色新上海距離太遠，實在難以把握。[1]

也如評論家何言宏所說：

王琦瑤是一個抽象的人。她是一位了無生氣的用來展示作家「上海想像」的模特、道具或符號。在王琦瑤的人生經歷中，她的命運變化沒有基本的性格邏輯和現實依據，更看不到她在命運關頭豐富複雜的內心世界。

（王琦瑤是）一個不折不扣的概念化的「扁平人物」。[2]

王琦瑤既然是王安憶的「『上海想像』的模特、道具或符號，」就難免成爲「木頭美人」「扁平人物」。最後，王琦瑤不得善終，既非時代和社會所害，也非人物性格所致，也就打動不了讀者，更談不上引發讀者深思。若依上海正經市民的口吻，只能這樣概括王琦瑤的悲劇：一個老不正經的女人，整天和一夥不三不四的小青年鬼混，結果因露富而命喪一個劫財的小流氓。

至于王琦瑤的個性也是隨意塗抹前後不一。她在最能吃的少女時，「只吃猫似的一口（這句話也是令人費解的病句）」成年後不但擅長厨藝，還是精于饕餮的半個美食家。

這就是支撑《長恨歌》全劇的主角，「演不像」「上流社會淑媛」的王琦瑤。

1 徐秀明：文化衝突與叙事錯位——由《長恨歌》談王安憶的小說美學及其創作轉向。

2 何言宏：王安憶的精神局限。

二 沒有自我的配角

一部上乘的長篇小說，主角和配角之間只有主次之分，沒有重輕（可有可無）之別，配角不應只當綠葉做花朵（主角）的托兒，而應像日本的一瓷罐插花，一花一葉一梗一莖，互相穿插映襯方顯和諧之美。配角不僅烘襯主角還要凸顯自己的性格和存在價值，也是完成小說主題不可或缺的一部分。衆所周知的《紅樓夢》不去說了，其中任何一個主要配角，比如晴雯、尤三姐等人都能獨自成劇。再看外國名著，巴爾扎克的《貝姨》《高老頭》《歐也妮·葛朗台》，托爾斯泰的《安娜·卡列尼娜》，哈代的《苔絲》等小說，不僅被冠名的主角個性卓爾不群，其中的配角也都讓人過目不忘。對照一下，《長恨歌》中的主要配角如何呢？我們一個個說道。

王琦瑤的第一個朋友是中學同學吳佩珍。吳佩珍長得有點醜，漂亮的王琦瑤因同情而施與慷慨，兩人成了貼心朋友。吳佩珍回報王琦瑤的好意，一心想討好她，所以要帶她去表哥工作的電影製片廠游玩，她「將片廠當作一件禮物一樣獻給王琦瑤。」吳佩珍第一次請王琦瑤去，王琦瑤故意搭架子說有事。

> 等王琦瑤最終拗不過她，答應換個日子再去的時候，吳佩珍便像又受了一次恩，歡天喜地去找表哥改日子。

王琦瑤好像爲照顧吳佩珍才去片廠的，弄得吳佩珍「滿心裏都是對王琦瑤的感激，覺得她是太給自己面子了。」

以後她倆常去片廠玩，王琦瑤被導演相中讓她去試鏡，「吳佩珍自然是雀躍，浮想連翩，轉眼間，已經在策劃爲王琦瑤開記者招待會了。」王琦瑤試鏡扮新娘失敗，傷了自尊便不再去片廠，又因吳佩珍窺伺了她的底細，開始躲避吳佩珍。

吳佩珍感覺到王琦瑤的回避，不由黯然神傷。但她却并不喪失信心，她覺得無論過多少日子，王琦瑤終究會回到她的身邊。她的友情化成虔誠的等待，她甚至沒有去交新的女朋友，因不願讓別人侵占王琦瑤的位置。她還隱約體會到王琦瑤回避的原委，似乎是與那次失敗的試鏡頭有關，她也不再去片廠了，甚至與表哥斷了來往。

然而，吳佩珍沒能挽回和王琦瑤的關係，兩個閨蜜

如今是比陌生人還要疏遠，陌生人是不必互相躲的，她們却都有些躲。有王琦瑤照片的照相館，吳佩珍也是要繞道行的，連照片上的王琦瑤也不願見了。

一九四〇年代，大衆最時興的娛樂是看電影，與之相伴少不了關注明星的逸事緋聞。少女吳佩珍正處追新逐奇的年齡，有個表哥帶她去看拍電影，還可能見到傾慕的明星，應該興奮難耐。然而，吳佩珍却爲王琦瑤而去，王琦瑤去不去片廠比她自己游玩還重要，王琦瑤願去就是給她賞光。

爲反襯王琦瑤的美和自恃嬌寵，擺出一個醜而自卑的吳佩珍，却罔顧女孩應有的正常心理，讓她自卑到「賤骨頭」的地步，這就是她在小說中的全部價值？！

填充吳佩珍位子的是蔣麗莉，她出身工廠主家庭，家裏排場很

大，却從不帶同學去玩，唯獨對遠比她漂亮的王琦瑤例外，邀王參加自己的生日派對。

然而，蔣麗莉在派對上的表現却十分怪异。

> 蔣麗莉一個人坐在客廳的一角，有一句沒一句地彈鋼琴，穿的還是平常的衣服，臉上是漠不關心的表情，好像是別人的生日。

> 王琦瑤想勸蔣麗莉下樓去了，却發現她原來在哭，眼泪從鏡片後面流了滿臉。她說你怎麼了，蔣麗莉，今天是你的生日，你唱主角的日子，怎麼不高興了。蔣麗莉的眼泪更洶涌了，她搖著頭連連地說：「你不知道，王琦瑤，你不知道。」王琦瑤就說：「那你告訴我，我不知道的是什麼。」蔣麗莉却不說，還是哭和搖頭，帶了些撒嬌的意思。王琦瑤有一點不耐，但只得忍著，還是勸她下樓，她則越發的不肯下樓。最後王琦瑤一轉身，自己下去了，走到一半，聽見身後有脚步聲，却見蔣麗莉一臉泪痕的也跟下來了。……她回頭對蔣麗莉說，你不換衣服不化妝，至少要洗洗臉吧！……蔣麗莉聽話地去了洗手間，再出來時臉色便乾淨了一些。

客人離開時，

> 蔣麗莉也不理別人，只對了王琦瑤一個人致告別詞，她說她把這個生日當作她們兩人共同的，說罷就鬆開她手，揪心的表情一般轉身上了樓。

一個十五、六歲的女孩，請親友參加自己生日宴，不是梳妝打扮高高興興迎客，而是憂憂鬱鬱哭哭啼啼。王琦瑤問她爲啥？她矯揉造作地沒交代，看得人滿懷疑竇却不得其解，唯一的答案是沒來由的濫情。

上海舉行評選「上海小姐」活動，蔣麗莉不僅攛掇王琦瑤去競選，還比王琦瑤本人起勁。

> 蔣麗莉就好比是自己參加競選，事未開頭，就已經忙開了。連她母親都被動員起來，說要爲王琦瑤做一身旗袍，決賽的那日穿。

不僅蔣麗莉把王琦瑤的競選當自己的事，蔣母也跟著起勁，起勁到請裁縫上門爲王琦瑤做參賽的服裝。

> 裁縫進門就再沒離去過，三餐一宿地侍奉，好比貴客，同時又是夥計，是有幾個師傅監工的。程先生自然是爲首，蔣麗莉算一個，她母親也算一個。

女兒的同學參加選美，自己的女兒却不够格，作爲母親，即使不心生妒意，也難免羨慕泛酸。然而，蔣母如同自己女兒去競選，居然請裁縫上門爲王琦瑤裁制服裝！

可惜，好景不長。蔣麗莉和王琦瑤因程先生互妒生隙，王琦瑤只得離開蔣家。

> 蔣家母女都沒有出來送她，一個藉故去大學注册，一個藉故頭痛，這使王琦瑤的走帶了點落荒而逃的意思。

蔣家母女對王琦瑤的極端前恭後倨，反差如此之大，思維正常的讀者跟不上轉彎。

蔣麗莉因失戀于程先生而自暴自弃。她中斷上大學去紗廠做工人，因有文化追求進步當上工會幹部，還跟來自山東的紗廠軍代表結了婚。她怨恨自己的剝削階級家庭，爲表革命忠誠和娘家斷絕聯繫，却也不愛自己建立的革命家庭，忌厭丈夫的大蒜味，連帶著嫌弃三個孩子。

蔣麗莉自己那三個都是男孩，就好像老張的縮版，說著半生不熟的普通話，身上永遠散發出葱蒜和脚臭的氣味。他們舉止莽撞，言語粗魯，肮髒邋遢，不是吵就是打。她看見他們就生厭，除了對他們叫嚷，再沒什麼話說。他們既不怕她也不喜歡她，只和父親親熱。傍晚時分，三個人大牽小，小牽大，站在弄堂口，眼巴巴地看著天一點點黑下來，然後父親的身影在暮色中出現，于是雀躍著迎上前去。最終是肩上騎一個，懷裏抱一個，手上再扯一個地回家。而這時，蔣麗莉已經一個人吃完飯，躺在床上看報紙，這邊鬧翻天也與她無關的。

這一邊，有丈夫和三個孩子的蔣麗莉，把自己的日子過成單身婦，即使她能忍受，她丈夫也能忍受？那一邊，她視母親如仇敵，患重病生命垂危時仍然不改絕情。

母親來探望重病的蔣麗莉，看不慣她家的髒亂，要幫「蔣麗莉換床單被褥，洗澡洗頭，一切重新來起的架勢。」

蔣麗莉連反駁（母親建議）的耐心都沒了，一下子將床頭燈摔了出去。外屋的山東婆婆聽見動靜鬥了膽闖進門，屋裏已經一團糟。水瓶碎了，藥也灑了，那蔣麗莉的母親煞白了臉，還當她是個好人似地與她論理。蔣麗莉只是摔東西，手邊的東西摔完了，就摔枕頭被子。

生性做作的蔣麗莉「變得越來越不像自己，有點像演戲，却是拿整個生活作劇情的。」把社會當舞臺演出自己的人生，看似脉絡清晰，但經不起推敲。她若表演給人看，應該有恨也有愛，要表現堅定革命與娘家絕緣，即使假裝也要愛丈夫維護革命家庭。何況，孩子是她一個一個生出來的，只要沒失去理智，摯愛孩子是母性的本能，哪有連無辜孩子都一起恨的。她賤蔑孩子們跟丈夫學的「說話粗魯，舉止莽撞」，那麼作爲母親怎麼沒教給孩子斯文穩重？中國人罵一個壞孩子會說「有父母生，沒父母教」，蔣麗莉嘲詈孩子無教養不是嘲詈自己？

近乎癲狂起落「演繹」人生的蔣麗莉，好似給孩童看的漫畫人物，成人觀之瞠惑不已。所以，儘管作者「安排」她早夭，但即便在病中她的表現也十分古怪，讓讀者再用力也給不出一掬同情。

蔣麗莉愛上的程先生是洋行職員。他梳分頭，戴金絲邊眼鏡，三件頭的西裝，皮鞋豁亮，英文地道，好萊塢明星如數家珍。他迷過留聲機，迷過打網球，也迷過好萊塢，如今酷愛玩照相，是上海灘的時髦青年。然而，西洋派頭的程先生却不如王琦瑤的小市民父母「開明」，王琦瑤父母坦然樂見豆蔻年華的女兒當「四奶」，二十六歲的程先生却十分老派守舊。他戀上王琦瑤却不敢和她單獨約會，竟邀王琦瑤和她的好友蔣麗莉三人一起去看電影。蔣麗莉坐在中間，程先生和王琦瑤坐在她的兩邊，程先生和王琦瑤的談話都由蔣麗莉傳遞，由此開啓他們怪誕不經的「三角戀愛」。

「他們三個幾乎隔日一見，見面就有說不完的話。等到王琦瑤住進蔣麗莉家，程先生開始上門來，」蔣麗莉愛上了程先生，連蔣麗莉的母親都有幾分歡喜，「以往大事小事都是問王琦瑤，如今則是問程先生了。」然而，程先生依然把蔣麗莉當自己與王琦瑤的橋梁，讓蔣麗莉的愛陷于無望。王琦瑤不愛程先生又見不得他對蔣麗莉好，蔣麗莉彈鋼琴，程先生在鋼琴邊站了一會兒，她就醋意大發，「三人戀愛」不歡而散。

王琦瑤瞞著程先生住進愛麗絲公寓，

> 程先生找她，家裏人推說去蘇州外婆家了，問什麼時候回來，回答說不定。程先生甚至去了一次蘇州。白蘭花開的季節，滿城的花香，每一扇白蘭花樹下的門裏，似乎都有著王琦瑤的身影，結果又都不是。……從蘇州回來後，他再也不去找王琦瑤，心像死了似的。……這一年，他已是二十九歲了，孤身一人。

此後，程先生忘不了王琦瑤，爲她獨守單身。十二年後，程先生與懷孕的王琦瑤「突然」在路上邂逅。程先生明知王琦瑤懷上的是與人亂性的「野種」，依然毫不避諱深情款款地愛她，而且不帶一點「性念」的痴情。

> 程先生把他工資的大半交給王琦瑤作膳食費，自己只留下理髮錢和在公司吃午飯的飯菜票錢。他每天下了班就往王琦瑤這裏來，兩人一起動手切菜淘米燒晚飯。程先生每天晚上陪伴王琦瑤，安頓好王琦瑤休息後再晚也要回家。有幾回，王崎瑤朦朧中覺著他是立在自己的床邊，心裏忐忑著，想他會不走，可他立了一會兒，還是走了。

程先生照看王琦瑤生下女兒後走了。臨了，明知蔣麗莉一直吃王琦瑤的醋，還托她去照顧王琦瑤，被蔣麗莉沒好氣地兕到：

天下女人原來真就死光了，連我一同都死光的。

程先生被作者召之即來揮之即去。他對王琦瑤從一而終，不問孩子的爹是誰？也不生半點妒意，甚至不懼空擔私生女之父的名聲。

那年月，有一個私生子就是罪孽！程先生再大度包容，社會也不允許啊！不知如此超越時代的「情種」是怎麼讓王安憶找到的？

資本家老婆嚴師母是王琦瑤的鄰居。她三十七、八歲年紀，住在平安里弄底獨門獨戶的一幢樓，她看不上平安裏的平（貧）民，進進出出不和人交往，這倒符合一般資本家老婆的做派。但卻

第一眼見王琦瑤，心中便暗暗驚訝，她想，這女人定是有些來歷。王琦瑤一舉一動，一衣一食，都在告訴她隱情，這隱情是繁華場上的。她只這一眼就把王琦瑤視作了可親可近。……于是，王琦瑤家便成了好去處，天天都要點個卯的，有時竟連飯也在這裏陪王琦瑤吃。王琦瑤要去炒兩個菜，她則死命攔著不放，說是有啥吃啥。她們常常是吃泡飯，黃泥螺下飯。

上海許多平（貧）民早餐用黃泥螺、腐乳等下泡飯，看不起平（貧）民的嚴師母竟如此將就，與王琦瑤黃泥螺下泡飯當午餐？！

接下來的事更出格了。

嚴家第二個孩子出痧子。這孩子已經讀小學三年級，早已過了出痧子的年齡，那痧子是越晚出聲勢越大，所以高燒幾日不退，渾身都紅腫著。這嚴家師母也不知怎麼，從沒有出過痧子，所以怕傳染，不能接觸小孩，只得請了王琦瑤來照顧。……于是，她倆就像在嚴先生臥室開了診所似的，圓桌上成日價點

一盞酒精燈，煮著針盒。孩子睡在三樓，專門辟出一個房間做病室。王琦瑤過一個鐘頭上去看一回，或打針或送藥，其餘時間便和嚴家師母坐著說閑話。午飯和下午的點心都是張媽送上樓來。說是孩子出疹子，倒像是她們倆過年，其樂融融的。

兒子出疹發高燒，嚴師母不帶孩子去醫院，居然放心讓學了三個月打針的王琦瑤照看，連護士資質都沒有的人怎麼看護病人？不僅如此，嚴師母表舅的兒子康明遜來探望病人，一連三天，三個人鎮日喝茶聊天打牌，看病人變成了聚會游玩。一個母親，又是資本家太太，居然如此寬心，守著自己的病孩其樂融融過年似的玩？

此後，他們三人再加一個莎薩，轉移到王琦瑤家，每周幾次喝茶打牌搓麻將。嚴師母竟放著丈夫和三個未成年孩子不管，整日與三個未成家的青年男女一起玩，還常玩到夜深。

嚴師母是過來人，熱情引介康明遜和王琦瑤粘在一起，却不懂會有君子好逑那檔事。直到莎薩拿康明遜和王琦瑤打趣，她才省悟過來，對康明遜說：

你是聰明人，我也不多說，我只告訴你一聲，如今大家閑來無事，在一起做伴玩玩，伴也是玩的伴，切不可有別的心。……你保證你沒有別的心，却不能保證旁人沒有。……你在表姐我這裏玩，要出了事情我怎麼向你爹爹姆媽交代。

王琦瑤有身孕了，她方才明白，自己無意中做了牽綫搭橋的角色，便局外人似地咎責康明遜：不聽提醒，自找苦吃。她還心裏怨懟王琦瑤，

康明遜不知你是誰，你也不知道你是誰嗎？在嚴師母眼裏，

王琦瑤不是個做舞女出身的，也是當年的交際花，世道變了，不得不規避起來。嚴師母原是想和她做個懷舊的朋友，可她却懷著覬覦之心，嚴師母便有上當被利用的感覺。

嚴師母先前因王琦瑤是舞女或交際花一類人，才高看她一眼樂意與之交往，如今又以此鄙視她；明明是她把康明遜引到王琦瑤身邊，倒過來責怪王琦瑤覬覦康明遜，不是自打嘴巴？

嚴師母成了又一個首尾乖互的人。

嚴師母表弟康明遜，因是小老婆生的而怯懦怕事，在家裏左右逢源和稀泥，甚至爲搞平衡故意疏遠親生母親。

這樣一個猥瑣男却大膽與王琦瑤私通，然而大膽又不敢大膽到底，待王琦瑤懷孕了就滑脚溜之大吉。倘若康明遜對王琦瑤真有情，是負責任的男人，按他當時身處的景况，明媒正娶遠比偷情壓力小。儘管王琦瑤門不當戶不對康明遜的資本家家庭，但在他眼中是「上流社會」的，兩人幷無不可跨越的障礙。相反，攤上亂搞男女關係（「搞腐化」）的罪名，不僅個人的婚姻生活就此完結，弄不好戴上壞分子帽子被送去勞改，康明遜難道不懂？

當然，作者要讓王琦瑤把複雜繾綣的情愛生活「演」下去，康明遜的行爲就順理成章了。

薩沙是康明遜拉來的牌友。

白淨的面孔，尖下巴，戴一副淺色邊的學生眼鏡，細瘦的身體，頭髮有些發黃，眼睛則有些發藍，二十歲出頭的年紀。

父親是個大幹部，從延安派往蘇聯學習，和一個蘇聯女人結了婚，生下他。……後來，他父親犧牲了，母親回了蘇聯，他從小在上海的祖母家生活，因爲身體不好，沒有考大學，一直待在家裏。

薩沙的父親犧牲了，一九四九年後就是革命烈士，他就是烈士子女，國家給予烈士家屬的待遇應相當優惠。即使往他母親那邊靠，跟她父親結婚的至少是蘇共黨員，當時蘇聯是老大哥，薩沙得到的待遇也不會差。然而，書中的薩沙「沒工作，又愛玩，拿了烈屬撫恤金，不够他打檯球的。」過著居無定所食無定餐的生活。他對王琦瑤說：

像我這樣的人，從來就是過著打家劫舍似的生活。……我是個沒有家的人，你看我從早到晚地奔來忙去，有幾百個要去的地方似的，其實就是因爲沒有家，我總是心不定，哪裏都坐不長，坐在哪裏都是火燎屁股，一會兒就站起要走的。

以致大家「心裏不免要把薩沙看輕，想他可算得上半個癟三的。」

王琦瑤利用薩沙「沒父沒母，沒個約束，又是革命後代的身份，再大個麻煩，也能吃下的」背景，引誘薩沙與她媾合，讓他背私生子父親的黑鍋。「革命後代的身份」是魔方，要它無用時，連薩沙的一日三餐都不能保證；要它有用時，可保薩沙「犯過」而無事。

薩沙對這事的態度是：

他知道王琦瑤欺他，心裏有恨，又有可憐。他有氣沒地方出，心裏憋得難受。……眼前老有著王琦瑤的面影，浮腫的，有孕斑，還有泪痕。薩沙知道這泪痕裏全是算計他的壞主意，却還是可憐她。他眼裏含了一包泪，壓抑得要命。

一個稍有自尊的男青年，最不能忍受在愛情上受人欺騙，而且是被自己朋友「拋弃」的女人，好勝心也不允許他任這樣的女人作弄，最多爲情欲與她逢場作戲，薩沙却「心胸寬廣」地發自内心地憐愛她。

最後，薩沙突然被他的阿姨喚回蘇聯，他當王琦瑶臨時「拉郎配」的任務完成了，王琦瑶私生子的「罪孽」就不了了之了。作者煞費苦心地設局，看似無懈可擊却糊弄不了大陸的過來人。那時，真有王琦瑶那樣亂搞男女關係的，一旦懷上私生子，男人在，她罪名還小些，男人溜了，她的罪責更大。

薩沙有個俄羅斯女朋友。

> 在薩沙帶來蘇聯麵包之後，他帶來了那個做麵包的蘇聯女人。她穿一件方格呢大衣，脚下是翻毛矮靴，頭髮梳在腦後，挽一個合，藍眼白膚，簡直像從電影銀幕走下來的女主角。她那麼高大和光艷，王琦瑶的房間立時顯得又小又暗淡。薩沙在她身邊，被她摟著肩膀，就像她的兒子。薩沙看她的目光，媚得像猫眼，她看薩沙，則帶著些痴迷，薩沙幫她脫下大衣，露出被毛衣裹緊的胸脯，兩座小山似的。兩人挨著坐下，這時便看見她臉上粗大的毛孔和脖子上的鷄皮疙瘩。她說著生硬的普通話，發音和表達都很古怪，引得（王琦瑶）他們好笑。每當她將大家逗笑，薩沙的眼睛就在每個人的臉上掃一遍，很得意的樣子。……她胃口很好，在茶裏放糖，一碗接一碗。桂花赤豆粥，也是一碗接一碗。桌上的芝麻糖和金桔餅，則是一塊接一塊。臉上的毛孔漸漸紅了，眼睛也亮了起來，話也多了，做著許多可笑的表情。他們越笑，她越來勁，顯見得是人來瘋，最後竟跳了一段舞，在桌椅間碰撞著。他們樂不可支，笑彎了

腰。薩沙拍著手爲她打拍子，她舞到薩沙跟前，便與他擁抱，熱烈得如入無人之境。他們便偏過了頭，吃吃地笑。鬧到天黑，她還不想走，賴在椅子上，吃那碟子裏芝麻糖的碎屑，舔著手指頭，眼睛裏流露出貪饞的粗魯的光。後來是被薩沙硬拉走的。兩人摟抱著下樓，蘇聯女人的笑聲滿弄堂都能聽見。

讀這段「繪聲繪色」的文字，一個俄羅斯姑娘「活龍活現」在眼前。然而，真正熟悉西洋人的看了，只能不客氣地說，這是向壁畫出的卡通人物。

首先，白人年輕姑娘汗毛孔可能會粗一點，但絕不會「脖子上（有）的鷄皮疙瘩」，那是有些七、八十歲的白人老年女性才有的。其次，西洋人的飲食習慣和中國人絕然不同，吃羅宋硬棍子麵包長大的蘇聯人，不會喜歡吃粘稠軟糯的食物。淮海路上著名的哈爾濱食品廠，是正宗俄式麵包店，爲適合中國人的口味，也只得把多種俄式硬面包改良得蓬鬆軟綿，顯見俄國人的飲食習慣與中國人的截然不同。所以，蘇聯姑娘出于禮貌可能嘗一口「桂花赤豆粥」，但絕不可能「一碗接一碗」地吃。說蘇聯姑娘「一碗接一碗」吃「桂花赤豆粥」，好比說中國人（哪怕是生活在歐美的移民）一塊接一塊地吃奶酪。

再說，當時蘇聯無論生活水平還是文明程度都高于中國，蘇聯姑娘住在打蠟地板的高級公寓，而不是落魄在上海街頭的流浪女。她第一次到陌生的中國人家裏，竟饑不擇食到芝麻糖屑都舔，還像劉姥姥進大觀園瘋瘋癲癲地又唱又跳，被王琦瑤嚴師母們當成小丑和笑料。當年，不知哪個上海人見過這樣的蘇聯姑娘？

再看薩沙去蘇聯姑娘家的情景：

他走進女友住的大樓，正是打蠟的日子，樓裏充斥了蠟的

> 氣味。……女友見薩沙來，高興得一下子將他抱起，一直抱到房間的中央才放下，然後退後幾步，說要好好看看薩沙。薩沙站在一大片光亮的地板上，人顯得格外小，有點像玩偶。女友讓他站著別動，自己則圍著他跳起舞，哼著她們國家的歌曲。薩沙被她轉得有些頭暈，還有些不耐煩，就笑著叫她停下，自己走到沙發上去躺下，忽覺著身心疲憊，眼都睜不開了。他閉著眼睛，感覺到有陽光照在臉上，也是有些疲累的暖意。還感覺到她的摸索的手指，他顧不上回應她，轉瞬間沉入了睡鄉。

這裏薩沙像回到自家，蘇聯姑娘對他也表現出戀人才有的親熱勁。然而，接下來的一幕讓人張口結舌：

> 等他醒來，房間裏已黑了，走廊裏亮著燈，廚房裏傳來紅菜湯的洋葱味，油膩膩的香。女友和她丈夫在說話，聲音壓得很輕，怕吵了他。

從薩沙和蘇聯姑娘出場起，兩人一直親親熱熱，适才還在姑娘家摟摟抱抱，讀者誰不以爲姑娘是薩沙的女友，最後突然冒出一個丈夫來，還有比這更無厘頭的嗎？

老年的王琦瑤和老克臘的「熱戀」是一場重頭戲。所謂老克臘，就是懷舊，懷戀老上海風情的人，他「彈了一手好吉他，西班牙式的，家裏存有上百張爵士樂的唱片。」撞上王琦瑤這個民國「上海小姐」，正合老克臘所嚮往的情調，于是戀上了她。

當王琦瑤試探著說，我做的菜「比你媽媽的如何？」老克臘說，「我從來不拿你和我媽媽比。……因爲你是沒有年齡的。」也就是向王琦瑤表白，儘管他倆年齡相差三十歲，他不在乎。老克臘甚至

心酸地

> 看到王琦瑤，再是顯年輕也遮不住浮腫的眼瞼，細密的皺紋。他想，時間怎麼這般無情？憐惜之情油然生起。他抬起手摸摸王琦瑤的頭髮，像個年長的朋友似的。

讀到這裏，讀者無法不聯想到杜拉斯和她的年輕情人，幷充滿了對王琦瑤和老克臘也來一場感天動地老少戀的期待。

然而，兩人僅僅做愛幾次，老克臘就開始不耐王琦瑤了，他「看見她枕頭上染髮水的污迹，情緒低落了。房間裏有一股隔宿的腐氣，也是叫人意氣消沉。」老克臘準備逃離了，王琦瑤想抓住他，「取出一個雕花木盒，轉身放在了他面前。……她說這麼多年來，她明白什麼都靠不住，唯獨這才靠得住。」她說「她不會叫他拖幾年的，她只是想叫他陪陪她，陪也不會陪多久的……她一邊說一邊將那雕花木盒往他跟前推……」老克臘「用力掙脫了走出」王琦瑤的家。

老克臘看到王琦瑤「浮腫的眼瞼，細密的皺紋」，依然戀上她，跟她上床，可沒多久，「看見她枕頭上染髮水的污迹，情緒低落了」，就忍受不了了。老克臘行爲的變化之突兀毫無原由。讀者期待的老少精神戀愛沒出現，連真正的肉欲都不純潔，最後演成肉體交易的可笑場景，王琦瑤願意傾其所有買老克臘的青春。

書中的總結更讓人啞然。「老克臘再是崇尚四十年前，心還是一顆現在的心。」老克臘不是以現代的年輕人，有著一顆懷舊、古典的心上場的麼？到頭來怎麼又倒過來自我推翻了！

最後再說送王琦瑤去黄泉的「長脚」了。

長脚是張永紅的男朋友。他出身貧民窟，拿了長病假混社會，最大的享受就是裝大亨的兒子，弄點錢都揮霍在他人身上，以此擺闊爭面子。爲維持大手大脚的花費，他從換外幣賺差價之類的活，做到以一塊美元充二十騙錢之類偷鷄摸狗的營生。

張永紅把長脚引到王琦瑤家，王琦瑤看著長脚，對他不無懷疑，

> 世上凡是自己的錢，都不會這樣花法，有名堂地來，就必要有名堂地去，如長脚這樣漫天揮灑，天曉得是誰的錢！

儘管如此懷疑，她還是來者不拒，熱情招待長脚。直到長脚自己進門偷她的貴重盒子時才

> 咬著牙罵道：癟三，你這個癟三！你以爲我看不出你的底細？不過是不拆穿你罷了！長脚這才收斂起心頭的得意，那只手將盒子放下來，却按住了王琦瑤的頸項。他說：你再罵一聲！癟三！王琦瑤罵道。

王琦瑤就此一命嗚呼了！

既然早就看出長脚的底細，你可以不拆穿，但絕不該引狼入室繼續一起吃喝玩樂啊！讀到這樣的結局，讀者除了說自作自受，咎由自取，還能說什麼？

這些就是《長恨歌》中的配角，他們的言行出乎讀者的意料，却都在情理之外，都是配合王琦瑤表演的道具。正如評論家蒼狼在《陽光和玫瑰花的敵人》一文所說，王琦瑤與配角們

> 宛如一場游戲一場夢，李主任也好，康明遜也好，莎薩也好，長脚也好，老克臘也好，都是游戲和肉欲的結果。……王琦瑤無肝無肺，無情無義，稀裏糊塗地（與他們）上床，無緣

無故地做愛。敘述的語言表面上細膩，其實是白頭宮女說閑話，沒有一句生動，沒有一個人有靈魂。[1]

讀者尤其不能理解更無法原諒的是，每個人都無私地爲王琦瑤付出，却不見她有相應互動，更不要說回報。就像蔣麗莉說的，她從小到大都是別人爲她做的多，唯有對王琦瑤反過來，是她爲王琦瑤做的多，偏偏王琦瑤「最不顧忌她，當她可有可無」。

這就是由「無肝無肺，無情無義」的主角王琦瑤，引領出的一群「一個願打一個願挨」毫無真情實感的配角。

1 蒼狼：陽光和玫瑰花的敵人——致王安憶君的一封公開信。

三 亂造場景 胡編情節

然而，比起人物表現的悖情悖理，《長恨歌》的亂造場景胡編情節，按上海人的話說更是「胡天野地」。

先說四九年前王琦瑤父母的家，

> 窗外是對面人家的窗戶，一臂之遙的，雖然遮了窗簾，裏頭的生計也是一目了然的，沒有什麼意外之筆。

雖然「一臂之遙」是形容，但王琦瑤住在蔣麗莉家的洋房時，想起

> 自己家的夜聲，是有名有姓：誰家孩子哭，奶娘哄罵孩子的聲；老鼠在地板下賽跑的聲，抽水馬桶的漏水聲。

鄰舍間隔墻有耳，說明房子建築簡陋，不是像樣的弄堂。但王琦瑤家不僅有電話，還雇傭人，「王琦瑤家的老媽子，有時是睡在樓梯下三角間裏，只够放一張床。」那些老媽子「還是和鄰家的車夫有什麼私情的。」也就是說王家鄰居還雇專職車夫。

一九四〇年代的上海，通常是大大小小資本家，擁有洋式或中式獨門獨院住宅，至少住在高端寬敞的房子，他們才需要（也雇得起）傭人，但他們也不一定雇專職車夫。至于電話，直到一九四九年，上海包括公司等單位用電話統共只有二萬四千三百四十綫。以我的鄰居爲例，樓上一家好像是高級妓女的裝有電話，隔壁一戶牙

醫兼住宅的也有電話，而兩戶住整棟三層樓比利時式洋房的都沒用電話。類似王琦瑤住宅的人家，有電話，雇傭人，還有鄰居雇私人車夫，近乎天方夜譚。

有關王家的描述也是前言不搭後語：先說王琦瑤家有電話雇傭人，應該是遠勝小康的殷實人家；後面又說家裏老鼠亂竄傭人住樓梯下，甚至借蔣母的口說王琦瑤「這樣出身的女孩子」，此言不僅意爲王琦瑤的家境不富裕，還說明她生長的環境也很低劣。王琦瑤在愛麗絲公寓招待蔣麗莉時說，「總是我在你家吃飯，今天終于可以請你在我家吃飯了。」也就是說，王琦瑤與蔣麗莉要好到在她家吃住了，却沒有在自家招待過她。如果王琦瑤家境不錯，作爲禮尚往來，怎麼也要回請蔣麗莉一次。

這就是「妙筆」生出的函矢自掐的「好戲」。

再說晚會。

自王琦瑤參加了蔣麗莉的生日「晚會之後，晚會便接踵而來。所有的晚會都像有著親緣關係，盤根錯節的。……蔣麗莉本心是討厭晚會的，可爲了和王琦瑤在一起，她犧牲了自己的興趣。她們倆成爲晚會上的一對常客，晚會總看見她們的身影。有那麼幾次，她們缺席的時候，便到處聽見詢問她們，她們的名字在客廳裏傳來傳去的。」後來，王琦瑤參加「上海小姐」競選，「蔣麗莉拖著她，參加一個又一個晚會，就像做巡迴展出。」而且，蔣麗莉還在一個遠房表姐的婚宴上宣布：程先生要王琦瑤參選「上海小姐」。

晚會多數是高層次成年人的交際場。兩個十六歲的女學生，沒父母帶著，却頻頻參加各種晚會，兩人還成了晚會的主角，她們缺席還引得大家詢問打聽，好像她倆是啥大明星。按上海人的習慣，蔣麗莉遠房表姐結婚，自己去參加婚禮已經勉強了，她竟帶上王琦瑤和程先生一起去，還喧賓奪主公布與婚宴無關的王琦瑤的事，完全把私人婚宴當公共集會，有這樣不懂規矩的？

一個先生兩個小姐是一九四六年最通常的戀愛團體，悲劇喜劇就都從中誕生，真理和謬誤也從中誕生。馬路上樹陰斑斕處，一輛三輪車坐了一對小姐，後一輛坐了一個先生，就是這樣的故事的起源，它將會走到哪一步，誰也猜不到。

不知哪個老上海人能想像，一九四六年的上海有上述「最通常的戀愛團體」？

再看競選「上海小姐」，

比選舉市長還衆心所向的事情，市長和他們有什麼關係？上海小姐却是過眼的美景，人人有份。那發布消息的報紙一小時內搶光，加印也來不及，天上的雲都要剪下來寫號外的。

如此比喻顛倒人們的常識——選美不過熱鬧一時，選舉市長却關係到市民的切身利益。迄今世界上各種選美目不暇接，有哪次人們的關注度超過選舉自己的市長首相的？

電影導演勸王琦瑤不要參加選美，認爲「競選『上海小姐』其實不過是達官貴人玩弄女性」。王琦瑤振振有詞地反駁：

競選「上海小姐」恰恰是女性解放的標志，是給女性社會地位，要說達官貴人玩弄女性，就更不通了，因爲也有大亨的女兒參加競選，難道他們還會虧待自己的女兒不成？

按這樣的表白，讀者心目中的王琦瑤接下來應該是女性解放的代表，走獨立自主的新女性的路。孰料，她最後當了李主任的「四奶」，還是當了達官貴人的玩物。應該是王琦瑤打自己耳光，還是

> 走過許多地方，見過各地的女人，北平女人的美是實打實的，可却太滿，沒有回味的餘地；上海女人的美有餘味，却又虛了，有點雲裏霧裏，也是貼不住。

看到這些話，自然預想李主任不再找北平和上海女人了，結果找了王琦瑤，仿佛王琦瑤不是上海女人。

作者把大上海無限縮小時說，「王琦瑤住進李主任爲她租的愛麗絲公寓，（竟然？）可算是上海灘的一件大事」。話音剛落，她又把上海無限擴大，這樣「一件大事」，最愛王琦瑤的前男友程先生却不知道。

> 愛麗絲公寓這地方，蔣麗莉聽說過，沒到過，心裏覺得是個奇异的世界，去那裏有點像探險，不知會有什麼樣的遭際。

蔣麗莉是大資本家女兒，住在花園洋房，經常出入各種晚會和派對，應該見過大世面大排場。愛麗絲再怎麼也不過是高級公寓而已，蔣麗莉怎麼恓惶不安成鄉下人了？

爲讓王琦瑤避開一九四九年的節點，作者讓她跟外婆去鄔橋舅公家做客。她在舅公開的醬園店裏結識了送豆腐的阿二，兩人熟絡後，

> 王琦瑤上街買菜，阿二替她挎著籃子；太陽好的天氣，王琦瑤把水端在屋外洗頭，阿二提了水壺替她沖洗發上的肥皂沫；王琦瑤剝豆，阿二捧著碗接豆；王琦瑤做針綫，阿二也要搶來拿針穿綫。王琦瑤看他眼睛對在鼻梁上穿針的模樣，心裏生出

喜歡。這喜歡也很簡單，由衷生起，不加考慮的。她情不自禁地伸出手摸摸阿二的頭，發是柔順和涼滑的。她還去刮他架了眼鏡的鼻子，鼻子也是涼涼的，小狗似的。這時，阿二便興奮得眼睛都濕潤了。

這番親昵的場景，旁人看了定以爲他們不是一對小夫妻也是一對戀人，然而，他們啥也不是。啥也不是的一對男女，敢在鄉村鎮上的光天化日下，在老派守舊的外婆、舅公眼皮底下打情罵俏，胡作非爲？

王琦瑤在鄔橋「探親」近一年，「轉眼間一冬一春過去，蓮蓬又要結籽了。」但待了再久也是旅游做客。然而，你看她坐火車回上海，

車窗上映出的全是舊人影，一個疊一個。王琦瑤不由地泪流滿面。這時，汽笛響了，如裂帛一般。一排雪亮的燈照射窗前，那舊的映像霎那間消遁，火車進站了。」

這樣的心境，簡直是三十年後下鄉知青回上海，完全是無的放矢地煽情。

一九四九年後，王琦瑤離開父母住進了平安裏，她的「新奇」故事也拉開了序幕。

平安裏這樣的老弄堂，你驚异它怎麼不倒？瓦碎了有三分之一，有些地方加鋪了牛毛氈，木頭門窗發黑朽爛，滿目灰拓拓的顏色。可它却是形散神不散，有一股壓抑著的心聲。

上海人都知道，這種弄堂屬「七十二家房客」，却難以想像這

種弄堂盡頭會有嚴師母家的高檔私宅，她丈夫還坐私人汽車進出，何况是公私合營後的一九五七年，即使此前有私車也充公了。但爲把富人嚴師母和潦倒的王琦瑤捏一起，無法共存的住宅也可以「合幷」。

王琦瑤學了三個月打針，就在自住的三樓開打針診所。且不論沒護士資格能否開打針診所，因爲打針甚至推靜脉針幷不難，難的是發生青黴素過敏之類的副作用怎麽辦？那是人命關天的事。一個隻會打針的人能解救嗎？再說，診所是商業行爲，哪有放三樓的？病人多數是老人、孩子或懷抱嬰兒的母親，他們合適爬三樓去打針？

作者的用意是，王琦瑤三天兩頭招人打牌喝茶，診所放三樓以示（描寫的準確）可避人耳目。其實恰恰相反，住在底層，外人尚可不顯眼地溜進溜出，走上三樓則需經過底樓和二樓，還要穿過幾家合用的厨房，每天幾個男女上上下下能逃過鄰居的側目？且看同爲上海作家王小鷹的《長街行》中的描寫：上海人家屋子大都逼仄……樓梯間便上上下下靠十家人家合用的灶頭間，傍晚時灶頭間大戲開場之際，洗菜的剁肉的涮鍋的淘米的，手中文武不亂，舌尖還家長里短，一個個賽過大舞臺的名角兒。

《長恨歌》就在這樣的「大舞臺」上旁若無人地上演「吃下午茶、打麻將、偷情」等浪漫劇。

作者還讓王琦瑤在這樣的住家挂牌打針，可以工作和招待朋友玩樂兩不誤，還可根據需要改變打針者的預約，有誰聽說打針還要預約的？王琦瑤的打針診所還維持到公私合營五年後的一九六一年？

嚴家師母是這樣結識王琦瑤的。

> 來（打針的）人竟把裝扮艷麗的她（嚴師母）看成是王琦瑤的妹妹，嚴家師母便興奮地紅了臉，好像孩子得到了大人的

誇獎。」

王琦瑤好壞也是「上海小姐」，又比嚴師母小十多歲，只因素顏竟比嚴師母還見老？此後，王琦瑤開始與嚴師母在穿衣、化妝和髮型上鬥艷比拼。

有一日，嚴家師母穿了新做的織錦緞鑲緄邊的短夾襖來到王琦瑤處，王琦瑤正給人推靜脉針，穿一件醫生樣的白長衫，戴了大口罩，只露一雙眼睛在外，專心致志的表情。嚴家師母還沒見白長衫裏面穿的是啥，就覺著輸了，再也支撐不住似的，身心都軟了下來。等王琦瑤注射完畢，打發走病人，再回頭看嚴家師母，却見她向隅而泣。

王琦瑤一旦打扮起來，即便戴著口罩也讓嚴師母自慚形穢，「嚴家師母還沒見白長衫裏面穿的是啥，就覺著輸了，」「輸」到哭喪起來，簡直似學習成績比不過好朋友的小學生。前後變化之大，猶如哈哈鏡中的人物，看得人啼笑皆非。

王安憶在一次訪談中指出，八〇後、九〇後的年輕作家寫時尚生活，缺乏一個你的錢哪兒來的清楚交代。

我覺得這個錢從哪裏來聽起來似乎是很瑣碎的一個問題，但是它却意味著你的出身，因爲你的錢如果是自己掙來的和爸爸媽媽給你的肯定是你的生活是不一樣的，你生活態度也是不一樣的，將來你的命運也是不一樣的。那麼，這就是我們希望小說要做的故事，那就是故事，如果我們大家都是孤立的狀態裏邊，都是錢說來就來的，根本不用交代的，我們都是這麼一種生活的話，沒有差异，我們哪兒來故事呢？[1]

然而，她忘了自己在《長恨歌》中也光寫王琦瑤的用度，却沒有交代錢是哪來的？

每回嚴師母康明遜來，

王琦瑤總備好點心，糕餅湯圓，雖簡單，却可口可心的樣子。

本是爲聚而吃點心，現在是爲點心而聚的。

王琦瑤們一周至少兩次喝下午茶。天冷了，

在爐子上做出許多文章。烤朝鮮魚幹，烤年糕片，做一個開水鍋涮羊肉，下麵條。他們上午就來，來了就坐到爐子旁，邊閑談邊吃喝。午飯，點心，晚飯都是連成一片的。

那年月，上海絕大多數人家僅一日三餐基本溫飽，額外添加點心吃食就奢侈了。王琦瑤囥著李主任給的黃貨沒動，儘管嚴師母和康明遜分擔開銷，她每天能打幾針？有多少收入維持茶點吃喝？不僅錢，還有糧票問題。一九五五年起，全國實行城鎮居民糧食配給制度，上海也不例外。政府按不同年齡、不同職業和工種定量分配糧食，他們如此吃喝的糧票又從哪裏來？

再看王琦瑤、嚴師母、康明遜如何玩耍，

他們的白天都是打發過去的，夜晚是悉心過的。他們圍了

1 王安憶：80、90後作家作品太虛幻 毫無根基可言。

爐子猜謎語，講故事，很多謎語是猜不出謎底的，很多故事沒頭沒尾。……他們在爐邊還做著一些簡單的游戲，用一根鞋底綫系起來挑棚棚。那綫棚捆在他們手裏傳遞著，變著花樣；最後不是打結便是散了。他們還用頭髮打一個結，再解開，有的解開，有的折斷，還有的越解結越緊。他們有一個九連環，輪流著分來分去，最終也是糾成一團或是撒了一地。他們還有個七巧板，拼過來，拼過去，再怎麼千變萬化，也跳不出方框。

光讀這段「童趣盎然」的話，誰不以爲是幾個天真孩子在一起嬉戲，哪裏會想到是成人，特別是有三個孩子要照顧的嚴師母，自己變成孩子玩到夜深？！

王琦瑤和康明遜偷情後懷孕了，兩人商量如何處置。

他們不敢在家中商量這事情，生怕隔墻有耳，就跑到公園，又怕人認出，便戴了口罩。兩人疑神疑鬼，只覺著險象環生。

這裏不是王琦瑤康明遜疑神疑鬼，而是作者故弄玄虛地自造緊張。康明遜日夜在王琦瑤家，等于在鄰居們的眼皮底下偷情，却煞有介事不敢在家商量懷孕的事，難道在家低聲說話比偷情動靜還大？相反，上海這麼大的城市，他們走在馬路上倒像一對正常夫婦，陌生人誰在意你？好好的人戴了大口罩，不是「此地無銀」招人注目？

蔣麗莉的家是這樣的：

墻壁是用石灰水刷的，白雖白，但深一塊淺一塊，好像還沒幹透。地板是房管處定期來打蠟的，上足的蠟上又滴上了水，東一塌西一塌，也是沒幹透的樣子。……已是十月的天氣，可幾張床上都還挂著蚊帳，家具又簡單，所以她家還像集體宿舍。家裏用了一個奶媽一個娘姨，兩人站在後門口，面和心不和的表情，見有客人來，就隨後跟進房間，各站一隅，打量王琦瑤。……蔣麗莉的丈夫老張不在家，墻上連張相片都沒有，不知是個什麼模樣的人。……蔣麗莉送她（王琦瑤）到門口，兩個傭人也跟著。

蔣麗莉早年家在楊浦區，後來才換到淮海路上的淮海坊，她丈夫也不是啥大官，家裏却有兩個傭人，其中一個還是奶媽，四九年後沒聽說過誰家還常年用著奶媽的。既然用兩個傭人，婆婆每半年從山東老家來住一段，幫著照看孩子。全家等于有三個人打雜，然而她家却「還像集體宿舍」，三個孩子「身上永遠散發出葱蒜和脚臭的氣味」「骯髒邋遢」，常人無法想像那是啥光景？難道傭人是雇來吃乾飯的？

蔣麗莉申請入黨填履歷表，她就去找王琦瑤做中學階段的證人。加入共產黨政審是大事，她去找國民黨姘頭做證人，不是自找麻煩？

王琦瑤女兒薇薇對母親

心裏有成見，總覺著母親給她的建議不對頭，故意要她難看似的。王琦瑤說什麼，她反對什麼。

王琦瑤分明出于好心，說這衣服對她太老成，她反而更要穿那衣服，似乎母親是心懷叵測。

如同所有結成對頭的女人那樣，她們也是勾心鬥角的一對。

她時常聽見人們議論，說女兒不如母親漂亮，這使她對母親心生妒忌，尤其當她長成一個少女的時候。她看見母親依然顯得年輕清秀的樣子，便覺著自己的好看是母親剝奪掉的。

世上啥樣的母女都有，作者從中「挑」出反常的母女也未必不可，只是想到薇薇是王琦瑤唯一女兒，又是私生女，本應相依爲命，却在容貌衣著上吃醋爭鬥，難道她們是一對心理變態的母女？

王琦瑤問張永紅，昨晚有沒有去過聖誕夜。張永紅不解地說：什麼聖誕夜，聽也沒聽說過。王琦瑤便慢慢告訴她聖誕節的來歷。張永紅認真聽著，提了些無知的問題，讓王琦瑤解釋。……張永紅聽了半天說：咱們這些人有多少熱鬧沒趕上啊！

文革後的一九八〇年代，王琦瑤以老上海「上流社會淑媛」的范兒，當重現民國高雅生活的「教母」，過聖誕節也成了其中的一課。作者通過王琦瑤的說教，把過聖誕節和老上海上流社會劃了等號。事實却是，當年上流社會中留過洋的、加入基督教的比較多，看上去都是他們在過聖誕。然而，另類上流社會人也許剛相反，他們可能更保守，更遵從傳統文化。王琦瑤既非教徒，又非留洋學子，有啥聖誕節可講？只能是「爲賦新詩强說愁」的賣弄，典型的圖解人物。

一九八〇年代初，上海追求新潮的年輕人開始懷舊，民國時代的「上海小姐」王琦瑤的名聲傳開了，她被帶入他們的圈子，不僅獨自參加他們的派對和舞會，還邀年輕人來家聚會。

王琦瑤家，如今又聚集起人了，并且，大都是年輕的朋友，漂亮，潇灑，聰明，時髦，看起來就叫人高興。他們走進平安裏，就好像草窩裏飛來了金鳳凰。人們目送他們的背影，消失在王琦瑤家的後門裏，想著王琦瑤是多麼了不起，竟召集起上海灘上的精英。人們已經忘記了王琦瑤的年紀，就像他們忘記了平安裏的年紀。人們還忘記了她的女兒，以爲她是一個沒生過孩子的女人。要說常青樹，她才是常青樹，無日無月，歲歲年年。現在，又有那麼些年輕灑脫的朋友，進出她家就好像進出自己家，真成了個青春樂園。有時，連王琦瑤自己也會懷疑，時間停止了脚步，依稀還是四十年前。這樣的時候，確實有些叫人昏了頭，只顧著高興，就不去追究事實。其實，王琦瑤家的這些客人，就在我們身邊，朝夕相遇的，我們却沒有聯繫起來。比如，你要是到十六鋪去，就能從進螃蟹的朋友中，認出其中一個兩個。你要是再到某個小市場去，也會發現那賣蟋蟀的看上去很面熟。電影院前賣高價票，證券交易所裏搶購股票認購證……那可真是三百六十行，行行有他們的人，到處能看見他們活躍的身影。他們在王琦瑤家度過他們閑暇的時間，喝著小壺咖啡，吃著王琦瑤給做的精緻點心，覺得這真是個好地方。他們一帶十，十帶百地來到王琦瑤家，有一些王琦瑤完全說不上名字，還有一些王琦瑤只叫得上綽號，甚至有一些王琦瑤都來不及看清面目。人是太多了，就有些雜，但也顧不上了。王琦瑤的沙龍，在上海這地方也可算得上一個著名了，人們慕名而來，再將名聲傳播出去。

短短一節出多少錯謬！

「沙龍」這個從法國傳來的「舶來名詞」，誰都知道它約定俗成的含義，一般指富貴階層或文化藝術界人士的特定聚會，不是隨便什麼聚會都稱「沙龍」的。而參加王琦瑤「沙龍」的是哪些人？有販賣螃蟹蟋蟀的；有倒賣票證搶購股票的，這些人的聚會能稱沙龍嗎？

再看自以爲是當「沙龍」「教母」的王琦瑤，「依稀還是（回到）四十年前」，仿佛她四十前是「沙龍」的常客。事實上，那時她不到二十歲，不過是李主任的「四奶」，僅僅與他過了幾日顛鸞倒鳳的日子，哪裏參加過沙龍？

一九八〇年代，是文革後撥亂反正時期，在政治和文化領域，衝破禁區敢說敢幹的人才被稱爲社會精英。走進王琦瑤家的這類人，是周立波惟妙惟肖模仿過的「打樁模子」，王安憶却稱他們是「精英」。

再說，已年近六十的民國「淑媛」王琦瑤，即使懷舊重溫當年風光，也應找同輩老上海紳士淑女聚樂，哪有孑然與新潮年輕人厮混的？

如果我描繪這樣一幅場景：一幫年輕人以一帶十，以十帶百地涌來「瓦碎了有三分之一」的平安裏，在可能「木頭門窗發黑朽爛」的王琦瑤家開出上海著名的「沙龍」，那時的上海人聽了會笑掉大牙！

老克臘第一次去王琦瑤家，他

> 笑過了則說：我在上一世怕是見過你的，女中的學生，穿旗袍，拎一個荷葉邊的花書包。她接過去說：于是你就跟在後頭，說一聲：小姐，看不看電影，費雯麗主演的。兩人笑彎了腰。

王琦瑤說到「笑彎了腰」。這神情完全是輕浮少女的嗲勁，哪有民國「上流社會淑媛」的嫻淑莊重？！

上海人對「老克臘」這個詞是有褒有貶的，褒義是「老克臘」不僅有錢有閑，還引領各種高雅文化和高檔消費的新潮，貶義是他們中的有些人是不太正派的「白相人」。對于一九四九年前的「老克臘」是褒多于貶，而對一九八〇年代的「老克臘」則是貶多于褒。一個民國淑媛丟份到與年輕的「白相人」扎道？最後新潮女郎張永紅引來她的男朋友「長脚」，王琦瑤明知小夥子來路不正，還照樣請他一起吃喝，最終死于他手。

四 人物雷同　細節濫造

不同角色的雷同是小說創作的大忌，《長恨歌》中却比比皆是。

吳佩珍帶王琦瑤去她表哥的片廠玩，却「將片廠當作一件禮物一樣獻給王琦瑤，王琦瑤答應跟她去，吳佩珍便像又受了一次恩，歡天喜地去找表哥改日子。」

> 「上海小姐」這稱號對她（蔣麗莉）無關緊要，要緊的是王琦瑤。她想得王琦瑤的歡心，這心情是有些可憐見的。

> 蔣麗莉本心是討厭晚會的，可爲了和王琦瑤在一起，她犧牲了自己的興趣。她們倆成爲晚會上的一對常客。

王琦瑤競選「上海小姐」，蔣麗莉比王琦瑤本人還起勁，「好比是自己參加競選，事未開頭，就已經忙開了。」

你看吳佩珍和蔣麗莉對王琦瑤的心態完全相同，爲王琦瑤做事勝于爲自己。試想，倘若林黛玉與薛寶釵是一個性格，《紅樓夢》還有多少價值？

不僅如此，都是十四、五歲的女孩子，又是同班同學，要好起來應該嘻嘻哈哈無拘無束，但王安憶筆下個個高深莫測，而且都是不必要的。吳佩珍請王琦瑤去片廠，

> 其實這一天王琦瑤并非有事，也并非對片廠沒興趣，這只是她做人的方式，越是有吸引力的事就越要保持矜持的態度，

是自我保護的意思，還是欲擒故縱的意思？

不知如此毫無目的複雜爲哪般？
吳佩珍對王琦瑤更到痴情的地步，

這晚上，吳佩珍竟也做了個關于片廠的夢，夢見水銀燈下有個盛裝的女人，回眸一笑，竟是王琦瑤，不由感動得醒了。她對王琦瑤的感情，有點像一個少年對一個少女，那種沒有欲念的愛情，爲她做什麼都肯的。

少女時期對閨蜜有這樣的情感也許可能，但吳佩珍愛王琦瑤勝于自愛，那番「心情又有點像母親，包容一切的。」

吳佩珍都看出王琦瑤想去（片廠）又不說的意思了，她非但不覺得她作假，還有一種憐愛心中生起，心想她看上去是大人，其實還是個孩子呀！

天真的吳佩珍竟以母親的心態說辭包容世故的王琦瑤，且不說人物的性格全顛倒了，又哪裏像正常少女的心思？
而蔣麗莉對王琦瑤的表現，已經完全是少女對少年的做派了，

這一日，王琦瑤在課本裏發現一封信，打開看是一張請柬，另有一紙信箋，寫著一些女同學間流行的文字，表明對王琦瑤的好感，很真誠地邀請她參加生日晚會，署名是蔣麗莉三個字。

王琦瑤想對蔣麗莉說自己願意去，

蔣麗莉（却）明顯在回避她，下了課便匆匆出了教室，只在桌上留一本翻開的書，那敞開的書頁是在向王琦瑤也討一封信箋，欲言又止的樣子。

這哪裏是尋找閨蜜，而是少女試探著給少年暗送情書。

到此爲止的上述種種，雖然异樣還算有點分寸，下面這些情景，只能讓讀者覺得是在聽上海「滑稽戲」了。

（蔣麗莉家）樣樣事情倒著來；孩子對母親沒有一點禮數，母親對孩子却是奉承的；過日子一分錢是要計較，一百塊錢倒可以不問下落；這家的主子還都是當煩了主子，倒想著當奴僕，由著老媽子頤指氣使的。

不知誰見過這樣的家庭？

程先生雖是二十六，也見識了許多美女，可都是隔岸觀火，其實是比十六歲少年還不如的。十六歲時至少有勇敢，如今勇敢沒了，經驗也沒積攢，可說兩手空空。

十六歲到二十六歲，是人生最長見識和經驗的歲月，但程先生却「返老還童」的幼稚了。

這兩個人（王琦瑤和嚴師母）勾心鬥角的，其實不必硬往一起湊，不合則散罷了。可越是不合却越要聚，就像是把敵人當朋友，一天都不能不見。

世上可有這樣的閨蜜？

> 蔣麗莉她自知是落後反動，于是做人行事就都反著她的心願來，越是不喜歡什麼，就越是要做什麼。比如和丈夫老張的婚姻，再比如楊樹浦的紗廠。

也就是說，蔣麗莉拿攸關自己一生的婚姻賭氣，因厭憎老張才和他結婚。

這些人事行爲都反差到極端，極端到怪异，怪异到近乎精神异常，而且人人如此，家家如此，足見作者如何信馬由繮地塗抹人物。

再看《長恨歌》中人物間的親情。

王琦瑤只有一個獨生女薇薇，但薇薇是「天下的仇敵只她母親一人」。薇薇「雖然有外婆家，却也少走動，一年至多一回。」薇薇辦結婚宴，未婚夫小林問王琦瑤，「難道（你家）就沒有親戚了嗎？王琦瑤沉默了一會兒說：我只有薇薇一個親戚，現在也交給你了。」

少女時的蔣麗莉「對父母兄弟都是仇敵一般，唯獨對個王琦瑤，把心裏的好兜底捧出來的，好像要爲她的愛找個靶子似的。」

> 蔣麗莉的母親早已將她（王琦瑤）看成比親女兒還親的。親女兒是樣樣事情與她作對，王琦瑤則正相反，什麼都遂她的心。

蔣麗莉的母親和弟弟雖然「生活在一個屋頂下，却形同路人，有時一連幾天不打個照面的。」

蔣麗莉結婚十幾年，她母親「總共只去了（蔣麗莉家）兩三回。那三個外孫看她（外婆）的眼光就像在看怪物，女兒也不給她面子，來不迎，去不送，說話也很刻薄。」蔣麗莉去世開追悼會，「她的父親、母親和弟弟都沒來參加。」

蔣麗莉抱起王琦瑤的嬰兒說：「我雖然生了三個，却是頭一遭抱孩子。」也就是說，蔣麗莉從沒抱過自己生的孩子。所以蔣麗莉回家「昂然從他們（三個孩子）面前走過，彼此熟視無睹，那夾在人群裏的三個男孩，更成了路人一般的。」「她看見他們（三個孩子）就生厭，除了對他們叫嚷，再沒什麼話說。」

康明遜「同二媽（當小老婆的親媽）二十幾年裏說的話都不及同王琦瑤的一夕。」康明遜對自己私生女也毫無感情，孩子成了他去看王琦瑤的障礙，要是沒有這孩子，「康明遜還會來得更勤一些。這孩子是使他不自在的，許多回憶都因她而起，打攪了他的平靜。」

老克臘與父母也是沒話可說，「他們即便在一張桌子上吃飯，從頭到尾都說不上幾個字。」

書中角色的親子關係都不止于無情，而是絕情，而且絕情的言語和形式也如出一轍。用誅心論，除了粗製濫造，不知持怎樣的親情觀才能「刻畫」出那麼多冷酷的心。

王琦瑤們「有些可憐見的，越發的楚楚動人。她們吃飯只吃猫似的一口，走的也是猫步。她們白得透明似的，看得見淡藍經脉。」

薇薇的同學張永紅「的膚色白得出奇，幾乎透明了，到了午後兩三點，且浮出紅暈，真是艷若桃花。因從小就沒什麼吃的，將胃口壓抑住了，所以她厭食得厲害，每頓只吃猫食樣的一口，還特別對魚肉反胃。」

你看王琦瑤和張永紅兩代美女，都是只吃猫食樣的一口，皮膚也是白的透明，都是楚楚動人艷若桃花的。且不說兩個美女形象雷同，都只吃猫食似的一口，不會得厭食症？又如何長成美女？讓讀者無法想像。

「蔣麗莉她已有那（程先生）寓所的一把鑰匙，倒是不常用的，因總是程先生上她家的多。」

「程先生就從口袋裏摸出（王琦瑤家的）鑰匙。」進王琦瑤家。

「他（老克臘）的自行車無聲地停在王琦瑤的後門口，然後摸出（王家）鑰匙開了後門」進去。

程先生儘管心下不願與蔣麗莉結緣，却把自家房門鑰匙給她隨便進出；王琦瑤爲了程先生方便也給他一把房門鑰匙，後來同樣給小情人「老克臘」一把。別說上海人沒有把自家鑰匙隨便交給朋友的，即使農村身無長物的人家也不會有給熟人鑰匙的習慣吧？

黃惟群評論王安憶的《啓蒙時代》時透徹地解析：

> 通常，王安憶筆下的人物大多是可以通用的。這本書中寫在這人身上的細節和心態放到那人身上，同樣適用，那本書中的人物，稍做修改，換到這本書中來，也不會看得出什麽不同。通常，王安憶筆下的人物都是和故事情節聯繫一起的，人物的反映基本都是情節發生時人的反映，也就是說，這人這時這樣反映，那人那時也會這樣反映。這些人物是事件發生過程中的人物，而非事件發生過程中性格化的人物。[1]

黃惟群說的是王安憶在不同書中，在不同的人物身上狀寫相同的情節和言行，到了《長恨歌》則是同一篇故事不斷複製雷同的細節。

我們看《紅樓夢》裏寫了一群小姐和一群丫鬟，但她們的脾性和言語沒有雷同的；《安娜·卡列尼娜》寫了一堆公爵、伯爵和公爵小姐、公爵夫人，也沒見言行相同的人物。杰出作家都會對自己創作的人物傾注巨大感情，會走進他（她）們的內心，依據他（她）們擔當的角色所思所想所行。有時，作家對自己塑造的人物沉溺太深，會與之同悲共喜心神相牽；會爲角色找一句恰當用詞而寢食不

1 黃惟群：一個缺少自我的作家——王安憶作品談。

寧……所以，我們爲一些名著中的人物動情時，也從中讀出作者的人格和精神。我們從阿Q、孔乙己、祥林嫂讀出魯迅深入骨髓的沉痛哀嘆；從《家》中的覺新覺慧、《寒夜》的汪文宣讀出巴金滿腔的嫉世憤懣；從《邊城》的翠翠讀出沈從文的恬然淳樸……

然而，我們從《長恨歌》的人物中讀不出王安憶的感情，却能從衆多雷同中看到作者對人物缺乏起碼的尊重，各色人物不過是她信手捏出的泥塑面俑。這也符合她一再表白的，文學寫作是一項純技術活，所以，她的創作是不帶感情地編故事。因故事編的太多，而生活感受太少，結果就編出那麽多雷同。

> 王安憶小說中的這類的細節，大多是憑空想出來的。靠這些完全憑空想像的細節寫出一本又一本書，怎能不寫到枯萎，不寫出嚴重缺陷？[1]

最搞笑的是，王安憶還教訓年輕寫作者說：

> 小說豈能胡編亂造不講「考據」……「素材的真實性會提供編織情節和人物的條件。對此，作家偷懶不得。」[2]

她在一次訪談中再次指責：

> 我發現最近的小說家，是不太講究細節真實了。想到什麽就寫什麽，對于細節上的偏差，一句小說是虛構就交代過去了，好像虛構不需要門檻、不需要講究這些。[3]

---

1 黄惟群：一個缺少自我的作家——王安憶作品談。

2 王安憶訪談：小說豈能胡編亂造不講「考據」。

3 王安憶訪談：現在的小說家太不講究細節真實了。

然而，我們來看王安憶自己如何考據細節。《長恨歌》寫于一九九六年，故事結束在一九八〇年代中期，別說前述一九四九年至一九六六年的事她不作考據，連十年前的細節她都胡亂描述。

一九五七年，王琦瑤在家招待嚴師母等人，

> 煤爐上燉著鷄湯，她另點了只火油爐炒菜，油鍋嗶剝響著，也是活過來的聲音。

這裏用「煤爐上」符合平安裏的環境。

> 平安裏的一日生計，是在喧囂之中拉開帷幕；糞車的軲轆聲，涮馬桶聲，幾十個煤球爐子在弄堂裏升烟……

然而，到了一九八五，

> 老克臘已像半個主人一樣，擺碗布筷的。因是請這樣的晚輩，王琦瑤便不甚講究，冷菜熱菜一起上來，只讓個湯在煤氣灶上燉著。

平安裏那種「你驚异它怎麼不倒？」的房子一九八五年突然「裝上煤氣」了。

> 一九七六年時，薇薇是高中一年級學生。

王安憶是一九六九屆初中畢業生，她不知道從一九七一年開始上海實行中學四年制，也不明確分初、高中（文革後勉强算高中同等學力），直到一九七九年才恢復文革前的初中三年和高中三年。也就是說一九七六年根本沒有高中一年級的學生，王安憶以文革前的學制想當然地寫薇薇。前面已經錯了，後面再錯，「中學畢業，薇薇去護校讀書」，中學（按上海人的習慣說法）當然指初中，因爲護校是中專，文革前初中畢業考護校，高中畢業考大學。也就是說已經「讀高中」的薇薇又「回到」初中，然後畢業上衛校。

張永紅，

> 她身上的新衣服都是靠自己掙來的：她替人家拆紗頭，還接送幾個小學生上下學，然後看管他們做作業，直到孩子的大人回家。她倒也不缺錢。

不用說這是張永紅上中學時的事。文革前尤其是所謂「三年自然災害」時期，上海確有窮人家孩子「拆紗頭」賺錢，但文革時割資本主義尾巴，哪裏去找那樣的活？一九六一年出生的張永紅到一九七六年不過十六、七歲，別說當時上海小學生都是自己去上學，自己回家做作業，需要接送看管做作業的事也是聞所未聞。即使有，哪個家長付錢找一個大孩子照看自己的孩子？

「到了第二年（七七年），服裝的世界開始繁榮」，不僅繁榮，薇薇、張永紅和她們「的那些同學們，將這城市服裝店的門檻都快踏破了，成衣店的門檻也踏破了。她們讀書的時間沒有談衣服的時間多。」一九七七、七八年，社會剛擺脫文革時的全民藍，服裝也不過開始多點顏色，薇薇和張永紅幾乎整天在淮海路上趕服裝時髦，服裝店哪有那麼多新款式經她們踏破門檻翻淘？直到一九八三年央视第一次举办春晚，那些登台演出的女演员，如刘晓庆、李谷一、郑绪岚等人的服装还都土拉八几的，别说七七、七八年店裏沒那麼多衣服供她們挑選，即使如二十年後服裝市場琳琅滿目，薇薇有錢去踏破服裝店的門檻嗎？當時「王琦瑤早已卸下打針的牌子，只在工場間裏鈎毛綫活。」上海人都知道，這種里弄工場（不是工廠），月收入最多二十塊左右，維持兩人的吃飯都勉强，王琦瑤又不願動她囥著的黃貨，薇薇哪來的錢去踏破服裝店？

王安憶爲了發揮自己的「專長」，洋洋灑灑地寫王琦瑤和女兒薇薇及薇薇同學張永紅三人，不僅無休無止地鎮日「專研」服裝，彼此還在穿著上吃醋拈酸，明爭暗鬥，却忘了無論是薇薇還是張永紅的錢從哪裏來？

> 王琦瑤在水斗洗涮著，心想這一日終于應付過去。她收拾完了，打開電視，從抽屜裏拿出一包烟，點上一支。

老克臘的父母，

> 因有了電視機，就不去電影院了。每天晚飯吃過，打開電視機，一直看到十一點。有了電視機，他們的晚年便很完美了。

老克臘去參加聚會，

> 老克臘來到時，已不知是第十幾批了。……通往陽臺的一間屋裏，掩著門坐了一些人在看電視裏的連續劇。……她（王琦瑤）抱著胳膊，身體略向前傾，看著電視屏幕。

> 十八號裏退休自己幹的裁縫，正忙著裁剪，老婆埋著頭鎖洞眼，面前開著電視機，誰也沒工夫看。對了，雖然各家各事，可有一點却是一條心，那就是電視。無論打牌，喝酒，吵架，

讀書，看或是不看，聽或是不聽，那電視總開著，連開的頻道都差不離，多是些有頭沒尾的連續劇，是夜晚的統領。

以上描述告訴讀者，上海一九八五年已經家家有電視機了，而且電視連續劇也是一部連一部放映。而實際情況是，一九八五年電視機憑票供應，各單位靠抽籤分電視機票。有了票子還要有錢。當時一台十四英寸的小電視機至少一千元，而上海職工平均工資一百一十元，不吃不喝一年才能買一台，不是家家都買得起。一九八七年電視劇《紅樓夢》開播，沒電視機的人家是多數，他們想看就去有電視機的鄰居家借光。我一九八八年出國時，上海大多數人家都沒電視，九〇年從日本給父母買一台電視還讓親戚、鄰居羨慕。劉震雲的小說《一地鷄毛》發表于一九九〇年，故事中的一對夫婦大學畢業，在北京的機關工作，兩人月收入二百多，緊巴巴省下錢才買了一台電視機。可見一九八五年哪有家家有電視機的？不僅電視機還沒普及，電視劇也沒天天放好幾部，開著電視有一看沒一看電視劇，至少是十年後的事了。

去王琦瑤家「沙龍」的「精英」中，有「電影院前賣高價票，證券交易所裏搶購股票認購證……到處能看見他們活躍的身影。」上海證券交易所一九九〇年開張，一九八五年的「精英」到哪裏去搶購股票？

顯然，作者是按寫作時（一九九六年）的社會狀況寫十年前的場景。諸如此類在《長恨歌》中枚舉不盡。十年前的場景不屑核實，稍微複雜點的就自作聰明地胡謅了。

王琦瑤「們夏天一律的疰夏，冬天一律的睡不暖被窩，她們需要吃些滋陰補氣的草藥，藥香彌漫。」睡不暖被窩的人，按中醫辯證屬陽虛，治法正好相反，是「補陽」而不是滋陰。

嚴家師母每逢星期一和四，到王琦瑤這裏打一種進口的防止感冒的營養針。

世界上至今沒有預防感冒的營養針，別說七十年前的上海。再說，即使有，三十七、八歲身體健康的嚴師母需要打嗎？而且每周打兩次？

還有許多經不起推敲的細節，王琦瑤和程先生

兩人在一張沙發上，一人一頭坐著，打著瞌睡……

顯然這是一張三人大沙發了。上海人都知道，王琦瑤住的那種屋子，都是「螺絲殼裏做道場」，別說不會去買一張大沙發，就是放得下也沒法從曲裏拐彎的狹窄樓道搬上來。

蔣麗莉家住底樓一層，朝南兩大間，在帶北一小間，前邊有一個小花園……

蔣家的住房在上海也算是寬裕的，但也僅僅是寬裕而不是多餘。但家裏却用一個奶媽一個女傭，再加婆婆，自己夫婦兩人還有三個孩子，怎麼居住？連住處都沒有却找兩個傭人，不是沒事找事？

以上就是《長恨歌》得到最多好評的，用「細膩」筆法「擅長描寫的生活細節」？！王安憶還師心自是地指責別人「不講究細節真實，想到什麼就寫什麼」[1] 却全然不知反求諸己！

事實上，若是嚴謹的作家，《長恨歌》的內容不論，其中漏洞百出的舛錯，只要查核斟酌本可避免。我相信，王安憶如果看到這

1 王安憶訪談：現在的小說家太不講究細節真實了。

篇拙評，一定會羞悔不已，怎麼會留下那麼多讓人詬病的「瑕疵」！

爲客觀評論，我特意買來三本《長恨歌》對比，新版幾乎沒修正早期版中的訛謬。顯然，傲睨自若讓王安憶不費那份心，所以她大言炎炎地宣稱：

> 說句大話，誰的批評都比不上我自己的嚴格，因爲只有我知道自己的標準。[1]

她的標準就是我行我素，因爲對她的不多批評都被主流評論界大咖的贊許聲淹沒：

> 人所周知，王安憶在中國文壇的地位實在太優越，這優越已使她可在一片熱情激動得顫栗的贊揚聲中心安理得地閉上沉醉的眼。感覺太好了。沒幾個人能享受這麼好得感覺。于是，閉著眼的縹緲境界中，她真的覺得自己已是大師，覺得自己不管寫什麼、怎麼寫，都能寫出好作品。[219]

結果就是，她不必在乎批評！

1 中國新聞周刊——王安憶：誰的批評都比不上我自己的嚴格

2 黃惟群：一個缺少自我的作家——王安憶作品談。

五 顛倒虛實 矯飾時世

《長恨歌》中不合邏輯難以自圓地胡編細節，比起臆造故事的社會背景僅是「不拘小節」。爲模糊時代印迹，使王琦瑤的人生一以貫之，在一九四九年後延續「民國生活」，王安憶便以「純文學」的「大手筆」，在歷史嬗變的節點上，買櫝還珠地虛景實寫，實情虛寫，亂花迷人地矯飾艱難時世。

《長恨歌》一開場就「氣勢宏偉」地鳥瞰上海，絮絮叨叨空無一人地寫了「弄堂」「流言」「閨閣」「鴿子」四章，猶如給王琦瑤披上鳳冠霞帔，讓她浩浩蕩蕩地粉墨登場。

試看王安憶筆下的弄堂，連最簡陋的房子的老虎天窗

> 在晨霧裏有一種精緻乖巧的模樣，那木框窗扇是細雕細做的；那屋披上的瓦是細工細排的；窗臺上花盆裏的月季也是細心細養的。然後曬臺也出來了，有隔夜的衣衫，滯著不動的，像畫上的衣衫；曬臺矮墻上的水泥脫落了，露出銹紅色的磚，也像是畫上的，一筆一畫都清晰的。

何等華美！何等詩情畫意！

不僅如此，

> 上海的弄堂是性感的，有一股肌膚之親似的。

> 上海弄堂的感動來自于最爲日常的情景，這感動不是雲水

激蕩的，而是一點一點累計起來。這是烟火人氣的感動。

如此浪漫動人的大上海怎不讓外人迷戀。

弄堂確實是容納絕大多數上海市民住宅群，也就是上海人最大的生存空間，說它是上海最典型的象徵和風景沒錯，可惜真正生活在弄堂的上海人有多少感受過王安憶筆下的美妙？

不錯，三、四十年代，上海是東方的巴黎，有其繁華的一面。正因爲繁華，全國各地的人涌來，城市的發展跟不上人口的增長，大多數普通弄堂的上海人過著「七十二家房客」的生活。

到了一九八〇王琦瑤「引領」潮流的年代，因爲四九年後上海幾乎沒建造房子，上海人均住房三平方米，全國倒數第一。五十年代「光榮媽媽」生的一批孩子都到了談婚論嫁的年齡，絕大多數人家別說婚房，連談戀愛的地方都沒有。

有些父母爲了讓兒子和女朋友在家談戀愛，自己出去逛馬路。《長恨歌》裏也有這樣的描寫，

往後，（女兒薇薇的男朋友）小林來了，便不在窗下一聲高一聲低地喊，而是徑直上樓來，在樓梯口喊一聲。王琦瑤總是找個藉口讓出去，給他們自由。

（回溯一下，就是在這樣逼仄的屋子裏，王安憶却讓王琦瑤在家開出上海著名的沙龍，可見她的寫作如何顧頭不顧尾）

當然，更多的情況還是情侶自己找地方。沒處可去，一對對戀人談戀愛的方式就是逛馬路，調侃自嘲爲「數電綫杆」。按時下爛熟的流行語說，當時外灘江堤的圍墻才是上海「最美的一道風景綫」，是名符其實比現在上海任何地方都「美」的一道風景綫：從南到北，也可以說從北到南，每天戀人們一對緊挨一對地伏在寬厚的堤墻上

低聲呢喃「卿卿我我」，築成聞名遐邇延綿幾百米的「情人墻」。那才是上海人「文明」的天花板，成百上千對戀人擠擠挨挨，却互不干擾，也從沒聽說發生爭吵，而且每天晚上還要換幾批。當時若興吉尼斯紀錄，有好事者報上去，有上千對戀愛軋成一排談戀愛絕對打破世界紀錄。

因爲沒有婚房，那時上海人絕大多數都是超齡結婚，有個五、六平方米亭子間或閣樓結婚是幸運的，實在逼急了，拉一塊布幔和父母弟妹隔開結婚的不在少數，還有人去近郊租借農家房結婚的……

這就是王安憶「大手筆」下看不到的弄堂真實畫面。

即使王琦瑤——按書中的描摹——也是民國時代而不是上海弄堂造就了她，弄堂閨閣鴿子幷沒賦予她含義，與她的命運也無必然關聯。唯有「流言」與王琦瑤沾邊，那也是王安憶無本之木的編造物，僅此而已。

時光到了一九四九年，這是中國乃至世界現代歷史的一個轉折點。上海「解放了」，局勢丕變下人心紛亂茫然，王琦瑤却安然如故，跟著蘇州外婆去烏鎮娘家了。她沿水路坐船去，像觀光客閑散地一路欣賞風景，好似進了世外桃源。到了舅公家，還和阿二進行了一場似有似無的戀愛。

一年後，王琦瑤返回已換了人間的上海，好似換了件衣服，開始過「民國淑媛」的遺民生活。

一九五七年起，王琦瑤和嚴師母、康明遜在家搞浪漫的下午茶。

這是一九五七年的冬天，外面的世界正在發生大事情，和這爐邊的小天地無關。這小天地是在世界的邊角上，或者縫隙裏，互相都被遺忘，倒也是成全。窗外飄著雪，屋裏有一爐火，是什麼樣的良宵美景啊！

那年的上海（或者說中國）是怎樣的上海（中國）？中共建政僅八年，就連年搞了幾場政治運動：鎮反、三反、五反、肅反、公私合營（私營財產收歸國有），反右等等，老百姓不斷接受「革命洗禮」。鎮反中許多國民黨官兵被槍斃，國民黨高官的姘頭王琦瑤會不受驚嚇？「五反」運動和「公私合營」都是打擊資本家，資本家老婆嚴師母和資本家兒子康明遜即使沒遭大災厄，也領教了無產階級專政鐵拳的厲害，嘗到了社會主義改造滋味，在風聲鶴唳的政治高壓下，早就夾起尾巴做人了。

然而，我們看到的王琦瑤們，逍遙法外地在弄堂搭出世外仙閣，逸樂自得地享受「良宵美景」。

就說搓麻將，

> （嚴師母）千叮嚀萬叮嚀不能叫嚴先生知道，嚴先生最是小心謹慎，人民政府禁止的事，他絕對不肯做，那一副麻將都是瞞了他藏下來的。

那年月，既然政府嚴令禁止，難道隔壁鄰居沒有眼目？王琦瑤住的可是聽得見「隔壁無綫電正好報時，報了十一點」的房間。如此膽大妄爲地搓麻將，還聚會喝下午茶，不上一周，派出所就會上門查問，以他們的身份，完全可能被當做反革命小集團抓起來，哪裏容他們的下午茶一年又一年喝下去？更別提康明遜和王琦瑤色膽包天偷情生子？還有一個混血兒薩沙加入其中，一張洋面孔出現就是弄堂新聞。莎薩去店裏買東西，小孩就少見多怪沖他叫「外國人」（這倒是小時候見過的情景）！到王琦瑤懷孕時中蘇已交惡，莎薩前脚進王琦瑤家的門，樓下的鄰居後脚就去居委會彙報了。

王琦瑤靠王安憶撞了大運，雖住五方雜處的弄堂，却如在無人之境地幹打麻將、偷情生子等違法事，而她的鄰居都安之若素。金宇澄的《繁花》裏有個角色小毛就沒那麼幸運了。他住著與王琦瑤類似弄堂裏一棟樓的三層閣，底樓是理髮店，夜間關門後就成了本樓居民的客堂間，小毛與住在二樓的娘子銀鳳通奸，隔壁爺叔窺探了他們的奸情，密告了銀鳳常年在外的海員丈夫，壞了小毛的好事。

同樣的上海作家，寫出同樣得茅盾獎的作品，但他們筆下同時期上海的場景却在對掐，而《繁花》以實錄上海人的烟火氣獲贊，就成爲《長恨歌》子虛烏有瞎編的佐證。

> 在王安憶的小說世界中，日常生活已被她從歷史、現實甚至是從人的靈魂中抽離出來，形成了一個封閉自足的世界。正是在對這一世界的强調和書寫中，充分顯示了王安憶的日常幻覺。吳俊曾經用『日常生活的烏托邦』來指稱王安憶的寫作，但是鑒于烏托邦所含有的希望精神和解放潛能恰恰是王安憶的日常世界所明顯缺乏的，所以，我對王安憶的寫作，更願使用『幻覺』這樣的字眼。[1]

是的，王琦瑤們的「良宵美景」都是王安憶幻覺出來，不過，這「幻覺」是有意識的，而不是無意識的。

一九六六年來臨，中國歷史上千年一遇也必將影響未來千年的浩劫開始了。《長恨歌》只輕描淡寫地表了句「程先生自殺了」，就把塗炭生靈的十年文革一筆宕過。程先生爲王琦瑤「守身如玉」一輩子，但王琦瑤對他的死不置一詞。

假設王琦瑤此前偷情生女沒事，到了文革，國民黨姘婦加解放前的「上海小姐」，解放後「搞腐化」當「破鞋」等幾重罪名，她

---

1 何言宏：王安憶的精神局限。

不被鬥死，也難逃被剃陰陽頭游街的命運。縱使她在文革中苟活下來，文革後也成了驚弓之鳥，哪裏還敢獨自與時髦青年男女廝混？

王安憶要王琦瑤做上海的代言人，所以王琦瑤以「王琦瑤們」面貌出場，意即王琦瑤只是無數「們」中一員。那麼我們來看民國時代真正上流社會淑女名媛「們」在一九四九年後的遭遇。

民國名媛郭婉瑩，是中央造幣廠廠長兼上海永安公司老闆郭標的千金，畢業于燕京大學心理學，曾引領上海的時裝潮流，在錦江飯店舉辦過時裝秀。一九四九年郭家人逃亡美國，她却留了下來。一九五八年，她丈夫因現行反革命罪坐牢，三年後死于獄中。文革中她是反革命家屬、資本家女兒，被剃了陰陽頭批鬥，隨後被趕出花園洋房住進屋頂見天的亭子間。再後來被下放農村勞動改造，修路，挖魚塘，幹到雙手起泡破皮流血……

再一個名媛盛愛頤，晚清首富盛宣懷愛女，畢業于聖約翰大學，不到二十歲就名揚上海灘，是百樂門舞廳的創始人。一九六六年文革，她丈夫被打成反革命，送鄉下勞改後病逝。她本人被鬥得傷痕累累，過後被趕出三層聯排別墅，「發配」到五原路一棟舊房的汽車間，裏面有一個化糞池口，每隔幾天便有一根長長的管子伸進她家「突突突」地往外抽糞水……

比她們名氣小的「舊上海」名媛，那些文化界和影劇界的明星，層次低一點的舞女之類的人物，在一九四九年後的磨難更是難以盡敘，她們中的每個人都可寫一部書。

也是民國上流社會名媛的鄭念就寫過一本。

鄭念一九一五年生于北平，燕京大學畢業後留學英國，獲倫敦政治經濟學院碩士學位。她丈夫是國民政府外交部派駐澳大利亞的官員。一九四九年夫婦倆帶著女兒鄭梅平回上海，她丈夫任英國殼牌公司上海辦事處總經理。一九五七年丈夫病死後她出任外國總經理助理。一九六六年文革中鄭念家被抄，人被看守所關了七年，女兒鄭梅平遭紅衛兵活活打死。一九八〇年她離開上海定居美國後，用英文寫出自傳《上海生死劫》。她比王琦瑤更有資格作上海代言人。

需要補叙的是，上述幾位上海真正淑女名媛的另一面。她們的丈夫都早早的不是鬥死就是瘐死，但她們都自尊貞潔地堅守中國傳統婦道，不像「淑媛」王琦瑤幹出偷情生子，到老了戀上一個青年白相人的事！

面對《長恨歌》刻意回避歷史現實的質疑，王安憶自辨說，她更關注的是老百姓的日常生活，再激烈的歷史，老百姓柴米油鹽的生計是不變的。陳思和更從理論上爲之辯解：

> 《長恨歌》寫了家庭和社會的脫離，事實上，除了官方的，現在的一個價值系統，民間還有一個相對獨立的價值系統。幾十年來。上海市民的生活實質沒有多少改變，它有自己的文化獨特性，《長恨歌》寫出了這種獨特的生活規律。[1]

王安憶也好，陳思和也好，都是那個時代的過來人，竟說出「上海市民的生活實質沒有多少改變」的話。他們假裝不知道，中國百姓一九四九年後與一九四九年前過日子的差异，要遠遠大于從秦漢到清朝與一九四九年前民國時代的差异。從政治生態上說，哪怕最嚴酷的皇朝，對縣以下地方也是無爲而治。民國時代雖有保甲制度，但擔任保長甲長的都是地方鄉紳，也形同自治。一九四九年後的毛時代，政府組織的觸角在城市一直伸到居民委員會，形成鄰里互相監督防範的體系。就拿最近上海乃至全國處理疫情爲例，哪裏允許「民間價值系統」的存在？

評論家李靜也對陳思和的說辭提出反論：

---

1 李靜：不冒險的旅程。

當國家對社會擁有絕對權力時，「民間價值系統「立刻會變爲一張馴順無聲的白紙，任憑權力隨心所欲地塗寫，而那種所謂的「生命的亮色」也只能降低到生物學的水平。[1]

即使以「生物學水平」的柴米油鹽論，一九四九年前的任何一個朝代，也沒有讓老百姓憑票買糧度日的，如此生計能和歷朝歷代一樣恒常嗎？但《長恨歌》裏就能！

許多讀者都不解，王安憶爲何在《長恨歌》中繞過文革？

歷經法國大革命（一七八九——一八三〇年）的法、英許多作家都不肯放過那場革命，寫出不少審視那場革命的名著，尤以狄更斯的《雙城記》和雨果的《悲慘世界》及《九三年》最爲人稱道。《雙城記》既鞭撻了大革命前貴族壓迫窮苦貧民的冷酷和凶惡，又譴責了革命時平民（所謂共和國的公民）復仇的血腥與殘暴。同時不忘高揚人道主義的精神，描寫醫生馬奈特同意將女兒嫁給仇家的兒子，卡頓爲自己所愛的女人頂替她丈夫查爾斯（也是他的朋友）去死。雨果在《九三年》中告誡人們：「在絕對正確的革命之上還有絕對正確的人道主義」。

儘管我拿狄更斯和雨果作品評說《長恨歌》，但仍善意地認爲，基于大陸出版環境的形格勢禁，不應苛責王安憶回避文革等歷史的寫作。但看到她的訪談言論才明白，不屑直面歷史是她的價值觀使然。

她在二〇〇一年毫不諱言地說：

這個時代是一個我不太喜歡的時代。它的特徵是外部的東

1 李靜：不冒險的旅程。

西太多了。物質東西太多，人都缺乏內心生活。我甚至很懷念文化大革命我們青春的時代。那時物質真是非常匱乏，什麼都沒有。但那個時候我們的內心都非常豐富。我想我們都是在那種內心要求裏開始學習文學。[1]

讀到這話，耳邊響起魯迅的斥責：

如果從奴隸生活中尋出「美」來，贊嘆，撫摩，陶醉，那可簡直是萬劫不復的奴才了！

再用人道主義標杆衡量王安憶已是緣木求魚，一個懷戀在文革中度過青春的人，怎麼會把文革受害者當回事？又怎能反思文革批判社會現實？

王安憶還越厨代庖地用「我們」這個群體詞：文革時「我們的內心都非常豐富」，「我們都是在那種內心要求裏開始學習文學。」我和王安憶是同儕人，自然也屬「們」中的一員。但我及我所知道的所有「們」，文革中精神生活比物質生活更匱乏。我「們」在學校得不到正規教育，放學後無所事事，男同學以打牌下棋打玻璃彈子自娛，內心別說豐富，而是徹底枯萎。我喜歡看小說（用不上「學習文學」這麼高雅的詞），學校圖書室封了，從老高中生鄰居那裏借禁書看，不是撕去封面的《父與子》，就是書頁殘破的《約翰·克裏斯多夫》之類。文革後期，區圖書館閱覽室重新開放，下午一點開門，要提早排隊才能借上想看的書，我化幾周才斷斷續續讀完三冊一套的《艷陽天》。

王安憶受益于作家父母的優越條件，當然不缺書看，也可以安

1 王安憶訪談：那是一個奇异的時代。

逸地學習文學。奇怪的是，她仿佛不知道像她那樣的優渥是例外，而像我「們」這樣的才是文革的常態，却說出「我們」都在精神上「食肉糜」的大話。再說，文革十年，唯一可稱爲人才收穫的，就是出了幾個像她那樣受益于文革的一九五〇後的「大作家」，但有多少天資聰慧的人因缺乏必要的教育而被埋沒，僅看我「們」這輩人在科技領域的空白就不言自明瞭。

六 違逆真相　趨媚低俗

在查看有關《長恨歌》的評論時，最讓我訝然的是，有個話題即使批評《長恨歌》的人也沒有意識到。

關于《長恨歌》的寫作緣起，王安憶如是說：

> 許多年前，我在一張小報上看到一個故事，寫一個當年的上海小姐被今天的一個年輕人殺了，年輕人爲什麼要殺她，我已經不記得了，讀時那種慘淡的感覺却記憶猶新，我想我哪一天總會寫它的。[1]

王安憶說的小報是《文化與生活》，上世紀八〇年代上海文化出版社主辦的一份雜志。一九八五年第五期上刊載過紀實文學《「上海小姐」之死》，文中的被害者用了化名，真實案件發生在一九八三年十月二十二日。

死者是七十一歲的蔣梅英，居住在上海江蘇路四百八十弄月村八十號私寓二樓，法醫鑒定蔣梅英被人卡頸而亡。

蔣梅英生于一九一三年，是振泰紗廠廠長蔣柯亭的女兒，畢業于聖瑪利亞女中。她氣質出衆美貌絕倫，是當之無愧的上海淑媛，走到哪都吸引一群愛慕者，後被「美麗牌」香烟公司選中當香烟盒封面模特。

有一次，戴笠到上海，派車接蔣梅英去跳舞。她無法推脫就去應酬。跳舞時，戴笠說：「我那有珠寶，去看看吧。」蔣梅英笑著

1 王安憶訪談：形象與思想：關于近期長篇小說的對話。

說：「人人都知戴老闆闊綽，今日得見，名不虛傳。款待至此，我萬分感激，又怎敢得寸進尺呢？家中尚有父母憂心等待，還望原諒，我先走一步。」戴笠沒有爲難她，還派人送她回家。

（注：蔣梅英對戴笠的矜重，表現了真正的上海淑媛的格調。與之相比，王安憶演繹出的王琦瑤與李主任何等低俗。）

蔣梅英最後嫁給了父執之子周君武。一九七一年她丈夫去世後，子女在外地，她獨居上海。

一九七四年的一天，二十六歲的民警周榮鶴隨老警員下片區走訪，巧遇蔣梅英。老警員指著蔣梅英的婀娜背影對周榮鶴說：「這個人叫蔣梅英，來歷很不簡單。」此後，周榮鶴腦中擱上了蔣梅英。

不久後的一天，周榮鶴敲開蔣梅英家的門。眼前的蔣梅英讓他看呆了，六十出頭的蔣梅英皮膚白晰氣質典雅，看上去好像三十多歲。

周榮鶴的心怦怦直跳，他以關心的口氣問蔣梅英：「你在舊社會是怎麼當舞女的？怎麼認識戴笠的？」蔣梅英申辯說：「我不是舞女，是戴笠派汽車接我去跳舞的。」周榮鶴要離去時，蔣梅英起身送客，周榮鶴竟一下子抱住了蔣梅英……事後周榮鶴湊近她耳邊輕聲說：「今天的事情，儂（你）絕對不可以講出去。」接著又在她面孔上香了一嘴。

時值「文革」，蔣梅英過著噤若寒蟬的生活，她只擔心自己可能被陷害，根本不敢去告發。直到文革結束後的一九七八年，她才寫檢舉信向長寧公安局投訴。那時，周榮鶴已是長寧區公安分局團委書記，作爲「第三梯隊（將來遷升的代名詞）」的重點培養對象，所以，區公安局沒有理會。一九八三年，全國開展「嚴厲打擊刑事犯罪分子運動」。周榮鶴利用職務還奸淫猥褻過另三名婦女，爲保住自己的仕途，他先威逼利誘這三人緘口，然後去封蔣梅英的嘴。

那日晚上，周榮鶴敲響了蔣梅英家的門。蔣梅英見是周榮鶴，一楞，隨即讓他進屋。周榮鶴得知蔣梅英獨自一人在屋，就走到她面前說：「蔣梅英，我來向儂（你）賠禮道歉。以前我對儂不尊重，請原諒。儂不要檢舉揭發，總歸是我錯了。」

蔣梅英大聲說：「算了，算了，事情過去了，你走吧，還有啥講的。」她壓根不想重提舊事，也怕周榮鶴再度非禮她，故意大聲說話，想讓周榮鶴快離開。

這時，突然傳來鄰居開門的聲音。周榮鶴大驚，緊張地說：「不要被人家聽到了。」

蔣梅英呵斥道：「你走不走？你到底是來賠禮道歉還是要來作弄我？」

周榮鶴慌了，上前把蔣梅英按倒在地，說：「儂不要響！不要說話！」蔣梅英被這麼一按，火氣頓生，剛要開口說啥，周榮鶴一隻手捂住她的嘴，另一隻手卡牢她的脖子。蔣梅英越掙扎，周榮鶴的雙手捂得越緊，卡得越牢……[1]

蔣梅英的故事即使不加工，她死于非命的遭際也遠比王琦瑤凄慘，也更反映上海那四十年的歷史。在那個特定的年代，「一個年輕人掐死一位老『上海小姐』」和「一個警察利用職務性侵一位老『上海小姐』」，反映著截然不同的社會現實。在社會主義中國，公檢法是無產階級專政的機器，警察就是這部機器上的螺絲釘，也就是這部機器最基層的執行者。中國的老百姓，尤其是蔣梅英那類人，因對民警心存恐懼才蒙辱遇害。

面對這樣的題材，一個作家怎樣書寫，不僅考驗他（她）的文學水平，更考驗他（她）的道義立場和思想境界。

愛好文學的人都熟知這樣的例子。

法國作家司湯達根據《法院新聞》刊載的一樁情殺案寫出代表

1 蔣梅英的故事引述自祝淳翔的作品：王安憶《長恨歌》故事原型考。

作《紅與黑》。小說通過主人公于連的兩次愛情，表現他勠力反抗現實社會最終失敗的經歷，展現了十九世紀初三十年間法國的社會風貌，抨擊了政府的腐敗，復辟王朝時期貴族的反動，教會的黑暗和資產階級新貴的卑俗。所以《紅與黑》既是愛情小說，也是「政治小說」，被譽爲十九世紀歐洲第一部批判現實主義的杰作。

托爾斯泰晚年的代表作《復活》，素材也得自一位檢察官向他提供的真實案件：一個貴族青年引誘他姑母的婢女，婢女懷孕後被趕出門當了妓女，後被誣告偷錢而受審判。貴族青年以陪審員的身份出庭，爲贖罪向法官申請同妓女結婚。小說通過女主人公的案審，揭示了法律不公等社會問題，并藉各式人物形象，宣揚贖罪拯救靈魂、禁欲及道德自我完善等思想，體現了托爾斯泰博大的宗教情懷和改良社會的主張。

司湯達和托爾斯泰都點石成金，把普通的刑事案提煉成反映大時代和表達大境界的不朽作品。

然而，王安憶却化「神奇」爲腐朽，把足以展示時代風雲，塑造真正上海代言人的大作品，故意回避扭曲歷史真相，討巧地以無業青年取代公安民警作凶手，寫出穠麗「迷人」的「上海小姐之死」的《長恨歌》。

對此，評論家何言宏更深入地注解：

> 說實話，我經常會困惑于王安憶爲什麼要强迫性地遺忘歷史？她在一篇談話中的內容，終于道出了這樣的秘密。新時期以來，人們對王安憶有著各種各樣的諸如「知青作家」、「尋根作家」和「女作家」之類的身份指認，但她認爲在這些指認中，最爲認同的，還是「共和國的女兒」這樣的身份。她認爲自己具有「鮮明」的「共和國氣質」，「是共和國的產物，在個人歷史裏面，無論是遷徙的狀態、受教育的狀態、寫作的狀

態，都和共和國的歷史有關係」。我認爲確實如此！但我還要說，從王安憶的創作對于共和國歷史特別是其中的「反右」和「文革」歷史的强迫性遺忘來看，她不僅是「共和國的女兒」，而且還是「共和國的乖女兒」。

王安憶出生不久，就隨母親茹志鵑從南京遷往上海，幷且居住于她在後來一直引爲自豪的淮海中路。無論是居住地點，還是其革命幹部的家庭出身，都足以使她的青少年時代無憂無慮，具有足够的優越感。對于她這一代的很多人（比如韓少功）來說，插隊農村的經歷或者是父母所受的政治迫害會是一種巨大的「歷史挫折」，從而將他引向對歷史的批判與反思，但對王安憶來說，這樣的挫折幷不存在。她在農村的經歷不僅時間短暫，還因爲自己家庭條件的優越而被衆人羨慕——更何況，她所插隊的農村是在她後來的作品中所說的「富裕」的淮北，而且下鄉不久，她就先于其他知青考入了在當時不無風光的文工團。一九五八年，她的父親雖曾被打成「右派」，但却幷未受到怎樣的迫害。按照王安憶的說法，甚至是非常享福。所以在總體上，她對共和國的歷史有一種內心的感恩。正是由于這樣一種一己經驗的局限，使她幷不反思共和國的歷史。無論是聯繫于共和國的歷史起源的現代歷史，還是共和國歷史上「反右」和「文革」一類的歷史悲劇，都被她的寫作排斥于逼問與思考的範圍之外，造成了强迫性的歷史遺忘。[1]

王安憶幾乎是宣誓般地（追加）表達了她的立場：「別人說，因爲我父母都是南下幹部的關係。我不曉得。我不敢說，但其實

1 何言宏：王安憶的精神局限。

我很想說，我是人民的作家。」[1] 上海從一九四九年到一九八九的四十年間，所有市民不是在政治上就是在經濟上不同程度的遭受劫難。有產階級被剝奪了財產，無產階級被剝奪了發展的權利，生活水平不斷下降。唯一例外的就是王安憶父母那樣的南下幹部，他們是上海的占領者，鳩占鵲巢地住進政府收繳來的房子，按幹部級別拿著遠高于普通市民的薪水，分享著用無數人頭換來的這個共和國的紅利。王安憶作爲共和國的產物，天然地情系這個共和國，也自然堅定站在這個共和國號稱的代表人民的立場，堅持做人民的作家。

所以，一九四九年後，偌大的中國你找不到一個「平安村」，偌大的上海你也找不到一個「平安裏」，但王安憶却別有深意地讓王琦瑤住在「平安裏」，而且强調「上海這城市最少也有一百條平安裏。」

事實上，別說遠離她生活圈子的市民的苦難入不了她的法眼，就是發生在她眼皮底下的巨大劫難她都視若無睹。

陳家驊是《上海文學》前身《文藝月報》編輯，晚年僑居美國。他和王安憶母親茹志鵑是同事，幾次見過幼時的王安憶，所以看過《長恨歌》後十分失望地說，《長恨歌》寫得「十分精細」，但他不喜歡：

> 我覺得作家應該去發掘人們深感痛癢的問題，而不是脫離生活實際，不食人間烟火似的鑽進象牙之塔。……我們要瞭解的是毛時代三十年間家破人亡的血泪哀歌，和平及溫馨只是一個不著邊際的幻夢，是紙上的畫餅。[2]

他以《文藝月報》編輯部爲例：三反運動時，一位行將分娩的

1 陳曉明：在歷史的「陰面」寫作 ——試論《長恨歌》隱含的時代意識

2 陳家驊：談父女檔小說。

女編輯被懷疑貪污，「打虎」人員把她鬥得死去活來；反胡風反革命集團運動時，魯迅研究者雪葦調來任副主編，不到半個月就被抓走；新派來另一副主編王元化，還未上任也因同樣罪名半途失踪；通訊聯絡組的一位揚姓女編輯更冤，她和某出版單位的一位羅姓編輯戀愛，羅也是胡風分子，就把他們一起流放到大西北，一去二十幾年；一九五七年反右時，副主編黃源和編委王若望被戴上「右派」帽子，陳家驊本人也背上莫須有的罪名被送去勞改農場二十幾年，弄到家破人亡；到了文革，主編巴金被打倒批鬥；編委魏金枝關押牛棚，長年壓抑鬱鬱而終；編委王西彥被冠以「最大的學術權威」輪番揪鬥；編委以群受不了摧殘羞辱跳樓身亡；編輯部副主任王道乾也遭殘酷迫害；還有通訊聯絡組的幾位青年編輯也沒逃脫批鬥。

小小一個文學雜志編輯部，歷次政治運動中竟有二十位同仁不僅本人遭難，還禍及他們全家老小。茹志鵑因一直受重點培養，成爲上海文學界極少的幸運者，文革中也沒遭大難，這才有了王安憶美好的文革歲月。因此，陳家驊嘆籲：「王安憶是『大手筆』，是『著名作家』，希望向實際掃描。」[1] 記錄身邊被侮辱被損害的人。

一九八三年，王安憶和母親茹志鵑在美國愛荷華筆會與陳映真相遇，老革命茹志鵑和陳映真十分投契，但王安憶則「剛從知青的命運裏掙脫出來，心中充滿憤怒，要對那個曾經走過的時代進行激烈的批評，但陳映真則認爲，相對于同來『愛荷華』的其他國家的作家悲慘的命運，我所遭受的苦難不值一提。」[2]

臺灣左翼作家陳映真是馬克思主義信徒，社會主義者，一直贊賞大陸的文革，如此荒唐的話出自他口并不奇怪。但王安憶難道也不懂？一九四九年後大陸人民蒙受的灾禍世所罕有，即使中國人遭的苦難小于他國，作家就不必書寫自己的感受了？按此邏輯，世界

---

1 陳家驊：談父女檔小說。

2 曹可凡：王安憶：熱眼看自己。

上凡是災難小于奧斯維辛的悲劇，作家都不必去講述了？然而，就是這樣一個陳映真，從此就成了王安憶（自認）的精神偶像、文學引導者。

對于這種說法我是存疑的，自視極高的王安憶，真會如此信奉陳映真？僅僅相處幾天的陳映真對她的影響，真的大于深入她骨髓的革命父母？更大的可能是，她假陳映真這番話爲自己漠視慘痛歷史，更確切地說，對慘痛歷史的無感找一個遁詞和合理依據。所以，

> 她一再自我譬解：總體上我的小說創作是不太現實的，我對現實不很關心，我關心的是審美。[1]

說到底，王安憶還是中共幹部的後代，是「共和國幸運的『乖』女兒」。她沒有磨難需用文字一吐胸中的悲鳴與塊壘，也不具托爾斯泰、屠格涅夫的貴族精神，感同身受地爲受難者奮筆，爲改變社會的不公不義疾書。所以，她的人格境界或者說審美趣味，就是把利用公務奸殺「上海小姐」的警察，「搗糨糊」成無業青年。

黃惟群曾鞭辟入裏地詮釋過王安憶：

> 她的致命缺陷是：胸中沒有一座可以仰靠的大山；也可以說，她缺少一個完整、堅定、純屬自己的思想感情體系，缺少她作爲作家的靈魂。每個成熟的作家胸中都該有一座大山，這大山就是他的世界觀，就是他完整的思想情感體系。這是作家的全部依靠和寄托。作家的作品之所以發亮發光，歸根到底，是他的靈魂，他的思想情感體系在發光。作家投向事物的眼光，在事物中所做的提取，對事物進行的再度組合，完完全全基于

1 王安憶訪談：我的小說是不太現實的。

這座大山。[1]

人們常用「有血有肉」稱贊一部作品，其實光「有血有肉」遠遠不够，還需要有一具堅硬的骨架，這個骨架就是黃惟群所說的「靈魂」。《長恨歌》主角王琦瑤是外表靚麗的虛榮俗女，她渾身都是功利自私、淫靡享樂，就是沒有靈魂。她即使一直活在民國時的上海，也不會有幸福人生，因爲她沒有愛的能力，沒有善的能力，更妄談孕育這些美德。而《長恨歌》的配角個個血肉「模糊」，再要求他們有骨架就近乎苛刻了。一部喪失靈魂的作品，不可能有靈性，也就感動不了讀者。

沒有靈魂的作品最終反映的是作者的「無魂」。

對此，王安憶本人「屢次坦陳自己『是一個很個人主義的人，你要說我對社會有什麼責任感，我還真說不上來』，認爲自己『對這個世界沒有什麼改變的願望』，『不會自覺地負起什麼責任』。她顯然又是將一個作家的藝術責任與社會責任割裂開來，『封閉』于所謂的『象牙塔』中製作一些雖然精美，但却沒有力量、沒有承擔、沒有關懷的『文學精品』。」[2]

沒有社會責任感的王安憶

塑造的人物常常是木乃伊，不說不具備陀思妥耶夫斯基作品中人物靈魂的自我拷問，連一般意義上的責任、尊嚴和挑戰命運的勇氣也談不上，純屬僞藝術……

《長恨歌》中的人物

1 黃惟群：一個缺少自我的作家——王安憶作品談。

2 何言宏：王安憶的精神局限。

沒有追求生命尊嚴和崇高的悲劇意識，也沒有歷史殘酷無情破壞的滄桑感，更沒有激活生命和給人以啓迪的生機勃勃的力量，有的只是弄堂、閨閣、照片等死尸的標本，散發著腐朽的氣息，更找不到玫瑰、愛情和希望，所有人物的命運都是作者的精心編織，純屬個人小悲歡，和時代本質的真實無關，和當時靈肉的真實情况無關。[1]

著名評論家李建軍說：

《長恨歌》我是認真地讀過了，一直想寫一篇文章，叫做「一間沒有亮光的屋子」。你不知道她寫這篇作品是要幹什麼，整個意識形態就是她和那幾個男人之間的那種感情，既沒有歷史含義也沒有生存含義，所以我覺得她的整個作品是失敗的。[2]

1 蒼狼：陽光和玫瑰花的敵人——致王安憶君的一封公開信

2 李建軍：首屆「西部文學論壇」紀要，出自《與魔鬼下棋——五作家批判書》。

七 路先生「擊潰」王琦瑤

本來，揭示《長恨歌》的僞「寫實主義」不需要費那麼多筆墨，只要看王安憶如何創作《長恨歌》就可得出結論。她本人曾自矜：

> 《長恨歌》的寫作是一次冷靜的操作：人物和情節經過嚴密的推理，筆觸很細膩。可以說，《長恨歌》的寫作在我的創作生涯中達到了某種極致狀態。[1]

僅憑「嚴密的推理」幾個字，她就自我否定了《長恨歌》。

中國當代作家都心照不宣一個認知，一九四九後的大陸，現實中的「精彩」遠超出作家的想像力，也就是說，作家不必搜索枯腸去杜撰，只要老老實實記錄下來，稍加組裝就是一篇篇奇譎故事。試看楊顯惠的《定西孤兒院紀事》，近乎白描地講述孤兒的來歷，卻教人驚心動魄。

事實是，就文學創作而言，與前輩相比，我輩沒受過正規初高中的學習，缺乏中國古典文學基礎，缺乏文史哲學養，獨獨不缺生活感受。何止不缺，奇葩時代的許多奇葩人事，早就超過作家的想像，就看作家用什麼眼光和境界去裁剪利用。

這樣說，當然不是否定小說的虛構，相反，還要强調虛構的作用，否則何需作家費神費力去寫作。虛構的作用恰如魯迅談他小說中人物的創作法，「往往嘴在浙江，臉在北京，衣服在山西，是一個拼湊起來的角色」。目的無外乎讓人物更豐滿更有典型意義，并

1 我眼中的歷史是日常的——與王安憶談《長恨歌》。

通過人物反應時代的風貌。不然，如果小說中的人物是漢代的嘴，宋代的臉，清代的衣服，只能是怪莫怪樣的四不像。也如王元化對《文心雕龍》中「拙辭或孕于巧義，庸事或萌于新意」句的釋義：「作家在作品中所寫的仍舊是生活中常有的『拙辭』，仍舊是生活中常見的『庸事』，他只是憑藉想像作用去揭示其中爲人所忽略的『巧義』，爲人所未見的『新意』罷了。」[1] 所以，虛構的最大作用，就是作家以自己的眼光通過刻畫符合時代場景的人物和事件，提煉出複雜的人性和時代真相，最後實現反映時代和社會特徵的文學的真實。

反過來說，一旦違背時代、社會和歷史真實也就不存在文學的真實，矯飾得愈美艷愈炫目，離文學的真實愈遠，只能胡編濫造出一座空中樓閣。

這裏，拿出著名老作家白樺一篇《我的鄰居路先生》，就可不費吹灰之力拆除攀上文學「高峰」的《長恨歌》的脚手架。

《我的鄰居路先生》這篇人物散記，不加修飾地通過路先生的幾個片段，刻錄了一九四九到一九八〇年代上海的真相，可以一舉推倒王安憶絞盡腦汁「推理」出來的王琦瑤，讓她無處立身。

一九五七初春，白樺與妻子搬進一戶資本家讓出的底層房子，落地窗外是一座八十平方米的小花園，是地處上海徐匯區高檔住宅區的弄堂花園洋房，墻壁爬滿藤蘿綠蔭的弄堂外是一條幽靜的小路。

白樺樓上住著房主路先生，他的工廠被公私合營，他在廠裏留用擔任工程師。

有一天深夜，白樺看戲回家，

上海人進進出出都走後門，在進門的時候看見一個高高的

1 王元化《文心雕龍講疏》

中年男人，披著濕淋淋的雨披從一輛很破舊的自行車上下來。等到他在門廊裏脫下雨披的時候，我注意到：他穿著一身藏青帆布工作服，袖子上還戴著袖套，每一個褲脚管都夾著一個曬衣服用的木夾子，半高腰的橡膠套鞋上補了好幾個補丁。他笑著小聲對我說：「對不起，您就是白同志吧？」我說：「是的，您……？」「我姓路……」「啊！您就是路先生。」「是的，」他當然知道我嘴裏的先生并非尊稱，而是爲了顯示各自的立場。他窘迫地乾笑了一聲說：「白同志！我們是近鄰，以後有什麼不符合革命原則的地方，請多多批評！多多指正！」他這句多餘而生硬的話使得我十分尷尬，怎麼會把什麼「革命原則」扯到鄰里關係中來了呢？[1]

路先生家也有汽車間，但早就不用私人汽車了，不僅不用汽車，還自己騎自行車，還是「很破舊」的，他一身工人服裝，橡膠套鞋上補了好幾個補丁。

寥寥幾筆，就把五七年後一個資本家自我矮化斂抑、猥瑣卑陋的形象躍然紙上。

同樣是資本家，《長恨歌》中的嚴家師母家的氣象做派却截然相反。嚴師母家住在平安裏（典型的平（貧）民裏）的弄底的一幢獨門獨戶房子。她丈夫也是四九年前的燈泡廠廠主，公私合營後留用當副廠長。「嚴先生更是汽車出，汽車進。多年來，連他的面目都沒看真切過。」

先不論，上海是否有人在這樣的平安裏盡頭建一幢獨門獨戶的房子，路先生在靜謐的富人區都低調到騎破自行車進出，嚴先生却高調地坐著私人汽車在平（貧）民面前招搖過市？！

1 選自《如夢歲月》，白樺著，學林出版社，2002 年 12 月。

還有一天，白樺爲趕火車四點多起床，他怕驚擾了樓上鄰居，脚步很輕地去煮牛奶。

一出房門就覺得有樂曲聲隱隱從樓上飄下來，雖然聲音很微弱，我還是能聽出那是舒曼的《夢幻曲》。進厨房，就聞見一股咖啡香，厨房裏立著一個陌生人，我只能看見他的背影。他頭上藏著一頂十分鮮艷的花綫帽，頂上那團紅色的絨球耷拉在右耳邊，身上穿著一件雪白的絲絨睡袍。煤氣灶上正煮著一壺咖啡……我輕輕地咳嗽了一聲，他情不自禁打了一個寒噤，猛地轉過身來，我這才認出他是路先生。我叫了一聲：「路先生！」如果不注意，根本就看不出他的一雙眼睛裏閃爍過一瞬絕望的悲哀，只一瞬，他就鎮定了。他從容地面對我：「白同志！您起來得這麼早？」「我要出差到外地，趕火車。」「啊！您真辛苦！」「沒什麼，您……？」「我還沒睡呢！利用周末，爲廠裏搞一項技術革新……您看，我這身打扮像不像個馬戲團小丑？」他的自嘲使我很意外，沒等我答話他就繼續說了：「這是從前當剝削階級時候的行頭，我覺得不穿是個浪費，浪費就是犯罪。都是些很結實的料子，白天把這種行頭穿戴出來，別人當然很難理解，以爲是我在做白日夢，夢想失去的天堂。所以我只能晚上穿戴，勤儉節約，廢物利用嘛！還有這存放了好些年的咖啡，巴西產的，已經有點兒黴味了……一切供人享用的物質財富都是勞動人民創造的，巴西是個熱帶國家，種咖啡豆、摘咖啡豆都是非常辛苦非常辛苦的，有人說，一顆咖啡豆是用一千顆農場苦工的汗珠換來的……您看，我這麼做對不對？」我不經意地回答說：「利用廢物，當然是對的嘍……」「謝謝白同志……」他連連點頭，匆匆地端著沸騰的咖啡壺上樓去了。本來就很微弱的《夢幻曲》嘎然而止。[1]

讀到這裏，可憐兮兮的路先生活脫脫站到眼前：半夜起來，偷偷穿戴講究的衣帽；偷偷聽著西洋古典音樂；偷偷地煮咖啡喝，也就是半夜起來偷偷重溫四九年前的夢……

這是發生在上海一九五七年真實的故事。

同樣發生在上海，同樣是一九五七年，却是《長恨歌》裏王琦瑤的「良宵美景」：她不僅與資本家老婆嚴師母在穿著打扮上爭奇鬥艷地比拼，還和嚴師母、康明遜幾個人三天兩日喝下午茶，而且喝到一九六一年才自願散夥。

再强調一遍，路先生住在只有一個鄰居的大洋房，都如此小心翼翼噤如寒蟬，連海外寄來的食品都是夜裏搬拿。

他們怕的是左鄰右舍的嫉妒心，飯都吃不飽的人如果看見身邊有人享用大魚大肉，妒火必然上升，盡人皆知，强烈的嫉妒心能驅使人們做出想像不到的事情來。[2]

到八十年代，路先生還向白樺坦白偷喝高級白蘭地的事：

數十年來，我每天晚上都要啜飲一杯，只一杯，最上等的法國白蘭地，XO，一天都沒間斷過。即使是六十年代初的大饑餓，只有你有可能隱隱約約地知道，我依然過著資產階級的生活，雖然是縮在小小的螺殼裏，在上海四周就有人以樹皮草根充饑的日子裏，居然有人在悠閑地啜飲 XO，如果被饑民發現

1 選自《如夢歲月》，白樺著，學林出版社，2002 年 12 月。

2 選自《如夢歲月》，白樺著，學林出版社，2002 年 12 月。

并且知道它的價格和來路，我一定會被亂棍打死。[1]

半夜偷喝咖啡、白蘭地到擔心被人發現打死的地步。

然而，到了《長恨歌》裏，這些擔心全是杞人憂天。你看，王琦瑤那幾個喝下午茶的「茶友」，如入無人之境地穿弄過堂，上王琦瑤家的樓上還需越過好幾戶人家，甚至幾戶合用的狹小廚房，他們依然逍遙自在地喧騰。

我真替路先生遺憾，他要是早點遇上王安憶，就可以堂而皇之地悠悠品享咖啡美酒，而不至半夜起來，好似老鼠偷油喝得膽戰心驚。

白樺本人也好不到哪裏。一九五九年兒子出生，他妻子「因病手術後沒有奶水，當時的牛奶早已屬特權控制的配給品了，有錢也訂不到。」[2] 他只得找個奶媽，却沒有足够的定糧給奶媽吃，多虧上影廠的同事省下糧票解決他們的燃眉之急。他若「走進」《長恨歌》就好了，可以像王琦瑤幾個人翻著花樣吃點心，像蔣麗莉家能雇一個奶媽和一個傭人，他就不會那麼寒酸了。

「路先生」和「王琦瑤」還有許多迥异可詳解，但沒必要了。一個路先生，一個半夜起來偷喝咖啡美酒的路先生，就把王琦瑤熱鬧的「下午茶」打個落花流水。一部《長恨歌》也就靠這道「下午茶」撐起，沒有了這道「下午茶」，《長恨歌》從何處演繹鋪展？

幸好邂逅「路先生」，爲我的查有實據的論說提供了明證。

順便說一句，白樺也是從部隊退役到上海的南下幹部，和王安憶父母屬同一階層，也占住資本家被迫繳出的房子，但他筆下的人物深透時代的哀鳴，也因此他厄運連連，一輩子不得志，是茹志鵑

1 選自《如夢歲月》，白樺著，學林出版社，2002 年 12 月。

2 選自《如夢歲月》，白樺著，學林出版社，2002 年 12 月。

王安憶母女兩代紅極文壇的反面榜樣。

然而，「王迷」們看到這裏也許會反問甚至反詰，《長恨歌》被你 (們) 說的這麼不堪，怎麼好評如潮，最後成爲文學「經典」了？

八 墻外不識墻內事　看櫝論珠

事實上，《長恨歌》剛出版時不僅反響平平，一九九九年紀念上海「解放」五十周年時，中共上海市委宣傳部搞了一個文學創作評獎活動，《長恨歌》也只可憐地得了個三等獎，沒有比上海人更懂上海。

《長恨歌》是越出上海地界後開始走紅的。

二〇〇〇年《長恨歌》獲茅盾文學獎并入選一九九〇年代最有影響力的中國作品。

本來，只要是一九六〇年代前生的大陸人，不會不懂路先生和王琦瑤哪個是那個年代的真？哪個是那個年代的假？那些評委把胡編亂造的《長恨歌》捧上「茅盾文學獎」，只有幾種解釋：其一是草草讀一下就下評語，反正王安憶的名氣大到閉著眼睛給她也不會大錯的地步；其二是沒有發現問題的能力；當然還有另一種情況就是反正候選作品都是造假，就頒給把假造得漂亮，造得像真的一樣的那部吧！

對此清華大學教授肖鷹如此評論：

當下批評家群體高度職業化，同時也高度商業化和小集團化。……《長恨歌》預示著王安憶的深刻危機，但是因爲有國家級文學大獎撐腰，更因爲有評獎權力的批評家們看好一個能够在二十一世紀「做舊上海」的作家王安憶，因此，她就自縛在弄堂深處的閣樓上專心當起「做舊上海」的職業作家。[1]

1 肖鷹：當下中國文學之我見。

這就是當下的中國文壇，早已喪失正常文學批評，信奉的是唯名家的是非爲是非。《長恨歌》到了海外聲勢更大了。那些不諳大陸社會的李歐梵和王德威等評論家，擔任馬來西亞的《星洲日報》開辦的「花踪世界華文文學獎」評委，二〇〇一年十二月，把首屆得主頒給《長恨歌》。

李歐梵在「花踪文學獎」評獎詞中盛贊《長恨歌》：「這樣的大手筆，在目前的世界小說來說，仍是非常罕見的，它可以說是一部史詩。」[1] 這句話幾成定論流傳網上。

王德威是張愛玲的研究專家，看到《長恨歌》後禁不住發文《海派作家，又見傳人》：

> 一九五二年，張愛玲倉皇辭離上海，以後寄居异鄉，創作亦由盛而衰，但藉著王安憶的《長恨歌》，我們倒可想像，張愛玲式的角色，如葛薇龍、白流蘇、賽姆生太太等，繼續活在黃浦灘頭的一種「後事」或「遺事」的可能。小說的第二部及第三部分別描寫王琦瑤在五、六十及八十年代的幾段孽緣。王安憶儼然把張愛玲《連環套》似的故事，從過去的舞臺搬到今天的舞臺，一群曾經看過活過種種聲色的男女，是如何度過她（他）們的後半輩子？張愛玲不曾也不能寫出的，由王安憶作了一種了結。在這一意義上，《長恨歌》填補了《傳奇》、《半生緣》以後數十年海派小說的空白。[2]

王德威從《長恨歌》中看出王安憶爲張愛玲傳人，沒錯！《長恨歌》就是王安憶對張愛玲的模仿之作，可惜她不是模仿張愛玲的文學形式，而是模仿張愛玲筆下的人物，却不顧張愛玲和她之間的

1 李歐梵：花踪世界華文文學獎發獎詞。

2 王德威：海派作家，又見傳人。

時代斷崖。

張愛玲寫有錢有閑人家，所以，常出現娘姨、老媽子的角色。王安憶不顧今夕何夕，要與張愛玲別苗頭，套張愛玲的模式，《長恨歌》裏幾乎家家不是有老媽子、傭人就是有奶媽、娘姨。

蔣麗莉娘家、康明遜家都是資本家，家裏用娘姨比較正常。王琦瑤的父親不過是坐辦公室的職員，母親是主婦，最多是小康人家，却也要用老媽子，即使「睡在樓梯下三角間裏」；四九年後「解放」了，嚴師母家的三個孩子都不是吃奶的年歲，家裏還用著一個奶媽一個傭人；蔣麗莉丈夫也不是大幹部，家裏只有三間屋子，孩子也早過了吃奶的歲數，家裏也雇著一個奶媽，一個娘姨……

再看白樺，兒子出生時妻子無奶，雇一個奶媽都供不起吃飯，王安憶筆下的人家却能養活那麼多無用的奶媽、娘姨。

所以，幾乎每個批評王安憶的人都指出，她的作品無一例外地不是虛化就是背離時代，却沒人這樣說過張愛玲。王德威僅因張、王寫的都是上海小市民，便斷定她們的承傳關係，而看不出她們間巨大的代際亘隔，正好反證《長恨歌》如何違逆時世。

王德威不知道，民國大名鼎鼎的上海名媛張愛玲，倘若一九五二年不逃離大陸，以她有過漢奸丈夫的歷史，文革中不被鬥死也要抓去坐牢。張愛玲在一九五〇年以作家身份隨中共土改工作隊下鄉，憑幾個月的生活體驗就寫出《秧歌》和《赤地之戀》，這兩部作品至今被定爲反共小說而遭禁。假設她留在大陸，又萬幸苟活過文革，可能會寫出中國的《古拉格群島》，而編不出香艷膩人的《長恨歌》。

李歐梵靠查資料寫了本《摩登上海——1930-1945》，却根本不熟悉真正的老上海，更不瞭解上海人那些年的油鹽醬醋，讀到《長恨歌》胡裏花俏的全景式鳥瞰，就像看到一個精緻的櫝櫃，認定裏面裝著名貴的珍珠瑪瑙。他坦言最喜歡充滿上海味道的第一章，却

被老上海李劼一語道破:

> 俗話說，不怕不識貨，只怕貨比貨。假如沒有木心對上海小弄堂這種力透紙背的寫照，那麼王安憶的上海小弄堂物語，可能會成爲經典，至少在李歐梵那類教授的心目中。從某種意義上說，木心的出現，讓王安憶尷尬之極。名牌有正牌和冒牌之分，上海人也有真上海假上海之別。一個假模假樣地把上海弄堂稱之爲『壯觀的景象』，一個直截了當地命名爲『發酵的人世間』。僅此一句，高下立判。在木心面前，王安憶關于上海的文字，不僅顯得誇張，輕浮，而且十分虛假，充滿一個外鄉人的胡亂嘮叨。至于其中的詩意，假如可以稱作詩意的話，讓人聯想起的則是國人久違了的楊朔散文或者秦牧散文。至于文字根底，無論從上海口語的提煉上說，還是從古典文學的修養上說，木心都足以成爲王安憶的老師。假如木心願意收學生的話。[1]

至于王德威從「張迷」變成「王迷」，不屬本文討論的範圍，但看看黃惟群如何評說張、王:

> 王安憶筆下的上海、上海人，是她坐在黑漆漆的斗室中，憑藉電影、圖片、聽來的故事和一些文字記載開展想像，然後將想像蘸上幹乎乎的墨水，使勁擠呀擠地「擠」出來的。她筆下的老上海是她刻意的製造、零碎的拼湊。她不過甩了幾滴當代的水，便將之假想成一場過去的雨。她是在用非準確的想像的堆砌來「硬寫」、「死寫」、「楞頭楞腦」地寫，筆下完全

1 李劼：中國八十年代文學歷史備忘。

沒有張愛玲的自然輕鬆與智巧。還有，張愛玲的筆下不時總能冒出幾句讓人嘆息感佩、表現出極其感性、悟性、智性、又充分形象、生動詩意的語言，王安憶能嗎？怎麼比？！[1]

王安憶自己也承認，「上海寫作只有兩條路，一是走出城市，二是走進書齋」。「用上海的材料來製造一個不是上海的地方，」也就是淩空蹈虛地編故事。至于她與張愛玲的最大不同，她也坦然表白：「我和張愛玲的世界觀不一樣，張愛玲是冷眼看世界，我是熱眼看世界。」[2]在有寫作自由的環境中的張愛玲尚且「冷眼看世界」，而在沒有言論出版自由的社會中的王安憶却「熱眼看世界」，還游刃有餘地寫成「暢銷書作家」，彰顯了兩者人格境界與藝術觀念的霄壤之別。

所以，對比老上海李劼和黃惟群與台籍漢學家李歐梵和王德威的「王安憶論」，不難看出，前者是根基扎實樹葉如針的松柏，而後者則是飄在水面的輕浮荷花。可知再有名的教授學者，對于不熟悉又不下功夫細究的作品妄加評論，只能留下笑柄。

對這現象，李劼也作過精闢地議論：

在這場文化交流當中，最爲尷尬的無疑是台籍漢學家。……由于大陸的閉關鎖國，他們在海外反而占盡了先機。同樣因爲大陸的閉關鎖國，他們對大陸發生的一切却又茫然無知。……台籍漢學家由于歷史的偶然性和在場的臨時性，既沒有牢固的人文立場，又沒有對中國文化和中國歷史進程一目了然的了然于胸。他們的盲目是相當驚人的，可能連高曉聲和高大泉這兩名字的不同意味，都區分不出來。好在他們又可以利用西方高

1 黃惟群：登峰造極的瘋狂堆砌與不自知——讀《天香》、再論王安憶。

2 王安憶：誰的批評都比不上我自己的嚴格

等學府在中國文人和中國學子心目中的神聖性，利用這些可憐蟲對人家莫名其妙的偶像崇拜，在同胞面前扮演西方學者，轉身又面向西方扮演文化掮客。……要不是因爲國內的文人墨客特別嚮往在國際上的名聲和地位，他們不可能有太大的市場。但由于國內的文人學子同樣有著生存的需要，大家互相凑到一起，一拍即合。[1]

于是，在哈佛教授的「名頭」「牌頭」的加持推崇下，追波逐流地涌出用各種浮誇理論美化《長恨歌》的評論，而有真知灼見的批判文章反遭冷落。爲此，文學評論家劉波在《十裏洋場的尷尬寓言》中尖銳地寫道：

《長恨歌》是被許多人捧出來的「經典」，但這樣的「經典」我們隨處可見，它沒有語言的獨特性，也無結構上的創新。只是因爲描寫了一個舊上海的民國女子而被稱爲「大手筆」，這樣的評價不免讓人心驚肉跳，同時我也不得不懷疑那些居心叵測的評論家的評論動機和鑒賞力了。[2]

我隨手查閱「豆瓣讀書」網頁一則關于《長恨歌》的評論，發現普通讀者的閱讀觀感與劉波的論斷相吻合。粗略統計 69 條評論，持否定意見的有 47 人，占 68%；表示喜歡的 13 人，占 19%；既不喜歡也不否定的 9 人，占 13%，就是說持批判否定《長恨歌》意見的占近七成。

不妨摘幾則看一下他們的評說：

1 李劼：中國八十年代文學歷史備忘。
2 劉波：十裏洋場的尷尬寓言。

——看這本書的感覺，就像是被平常很清高的長輩拉住手讓你坐旁邊，然後她開始不管不顧絮叨當年…

——寫起來拿腔拿調的，有人說像張愛玲，真的差太遠了。

——（小說）沒有給我創造出一個特別的上海，反而減少了對人物的代入感，到後面人物的發展已經很難共情，覺得自己就是個旁觀者。

——真的太鋪陳了，鋪陳到哪怕我略過去一頁都完全沒有關係。

——聽書也好看書也罷，都停在了女主（角）去照相館還是拍廣告那裏。不知道爲啥就是看不下去……我覺得張愛玲的聲名不是那麼好借的。

——打著女性文學的名頭，却和女性覺醒毫無關係，看得我很生氣。

——沒看完，翻開第一頁就撲面而來的「XXX的」真的愛無能。

——我一口氣看完第一部的時候真切地以爲它完結了。等翻幾頁看到後面還有劇情，那一瞬間不是「想讀」，而是「看起來好累」。

——看完只有無力感，吐槽都吐不出來。

——看到長恨歌裏的母女關係感覺很不適，很反感。……總體來說，她的書沒有讓我讀下去的動力。

——太市井小說了，設計和節奏把握都軟綿無力。

——首先，我覺得，鋪排太多了，”起膩”　而且竟然把文革十年直接跳過去了，跳，過去了，很生硬地跳過去了……就離譜，然後我覺得人物也沒有塑造起來……王琦瑤給我的感覺，從十六歲到六十歲，心智一點都沒變。

——鋪陳太多，竟（盡）是些沒意思的排比句，內容也就那樣，女主死的也莫名其妙。

——太難看了，有一種似張愛玲非張愛玲的感覺，缺少犀利絕妙的文筆，堆砌著冗長無聊的段落。真的太難看了，當時還買了她的另外一本書，也好難看。從對她的評價就基本可以看出來，「像張愛玲」四個字真真是印在她文風上，不過也是只有面子沒有裏子。 從《長恨歌》開始，王安憶三個字就是我的雷點。

——讀完後感覺文字有點瑣碎和矯情，看起來比較精緻，但實際索然無味。

——羅裏吧嗦，有一種精緻的做作。

——痰盂鑲金邊。

——讀了個冗長的描述上海的開頭就放弃了，大概有點野心的作家都想在文學領域把這座城打上自己的印記，但囉囉嗦嗦一大堆真的不如張愛玲幾句話。

——她的文筆有一種炫技的匠氣，能看出來接受過很多文筆訓練，張愛玲的文字更渾然天成，用詞簡潔又不失張力，這可能就是天才和其他人的區別吧，我的印象中張是不會爲了炫耀文筆而寫大段鋪陳的。

——前幾年看的，故事忘的差不多了，只記得冗餘囉嗦，尤其最前面充斥著大段沒必要的繁瑣鋪陳和心理描寫，這是作者能力差和不自信的表現，似乎是怕少寫了幾個字，人物就立不住了似的，結果寫的又臭又長，人物仍然沒立住。……看得出來王還是挺努力的，但是能力還是差一點，把握不了太宏大的主題。

——王安憶繁縟的文筆描繪的上海，給我一股梅雨天憋不上來氣的潮濕悶熱的感覺，感覺這種氛圍感是成功的，但文筆的優點也止步于此了，同意樓上說的，匠氣太過喜歡炫技。

女主角的善惡不是拿來辯解的理由。王安憶的女性觀的落後不僅表現在對一個美人女主角的塑造上，而是整篇文章的劇情和視角，她描寫的那種刻板的女性特質和「美」居然在小說前半部分解決那麼多現實問題，這可能嗎？

——看完後整個人懵了。形散神散的一部作品。雖然是茅盾文學獎獲獎作品，但是我是真的不喜歡。 可能是前頭有愛玲奶奶作比，文字讀來有點難受。整個故事，就像斷裂的指甲，不狠心撕掉扯得揪心，真要去撕又疼得慌。 愛玲奶奶用一個女性，寫一代人悲劇。王安憶想用一個女性寫一代人，到頭來，還是只寫了王琦瑤。

——被書名和茅盾文學獎吸引了去看的，看完很失望。

——致命無聊，王琪瑤有種白蓮花的茶味，……我一直以《長恨歌》爲茅盾獎之恥，直到我後來看了其他的獲獎作品，就感覺長恨歌真的比上不足比下又一點點餘了。[1]

上述酷評也回答了我的困惑，既然大多數讀者不喜歡《長恨歌》又爲何去買它來讀？原來是受作品得獎的名頭和專家們的評論驅使。對此，一位叫徵音的網名不無憤懣地向作者也是向評獎者發問：

——我一直很想知道，王安憶讓一個她描寫的小家碧玉似的女孩子突兀地住到別人家裏去，然後又突兀的成爲別人的地下情人，到底是出于那種理論支持？她既然那些（麼）喜歡「細膩描寫」這個手法，爲什麼連鴿子流言都可以消耗一整章，却對于這兩件對于主角和整個作品來講至關重要的事情一筆帶過？！

1 豆瓣讀書：關于王安憶的《長恨歌》，想聽聽UU（友友）們的看法 2021-08-15

——誰幫我回答一下，上海當年的小家碧玉可以莫名其妙住到別人家裏去而且一住就是幾年嗎？ 誰再幫我回答一下，上海當年的小家碧玉如果要去給闊人當地下情人，她的父母連過問的權利都沒有嗎？她的內心連一丁點兒糾結都不會有嗎？解放前的中國應該是很注重女孩子名節的吧？誤入青樓那都是家裏窮得不能再窮的鄉下女孩子。看張愛玲寫的《半生緣》，曼幀因爲姐姐是個舞女，連家都不好意思讓同事來玩。王琦瑤那種還有姨娘侍候著的小小姐，怎麼可能說去當情人就去了。

因爲無論作者還是評論家都不屑回答徵因等讀者難問的，所以在此不吝篇幅地轉載這些評論，讓人對比，讀者的三言兩語酷評與專家長篇大套的奧理，誰是點中要穴的精闢之談，也讓人感知當下中國的文壇與真正的文學和讀者間的隔膜之所在。

儘管作家和評論家與讀者是兩股道上跑的車，但「長恨歌（畢竟）比上不足比下又一點點餘了」。因而，借著一九九〇年代興起的民國熱和「上海懷舊」風潮，讓《長恨歌》極一時之盛，被改變成話劇、電影、電視劇先後登場，造勢全國。但是，作品的盛名再大，虛空的底子難以改出豐實的本子。以拍女性電影聞名的香港導演關錦鵬，慕名拍攝《長恨歌》，却被評爲二〇〇五年十大爛片之一。影評人把失敗歸因于關錦鵬沒能把握上海的精神。且不說世界名著被异國拍成名片的比比皆是，就關錦鵬而言，給他帶來聲譽的電影《阮玲玉》《紅玫瑰白玫瑰》也都是發生在上海的故事，問題的根本是原著《長恨歌》裏的主角王琦瑤是一個無法自洽的人物，再加一堆來無影去無踪的配角，關錦鵬有再大的能耐如何把骷髏般的人物濃縮出血肉來？

而電視劇《長恨歌》拍得差强人意，就是給原著中的人物穿衣帶帽。比如，王琦瑤因父親出車禍導致半身不遂，治病需要大量的鈔票，她不得已才委身李主任。王琦瑤母親讓女兒嫁有權有勢的人，由此毀了王琦瑤的初戀和婚姻，也毀了王琦瑤的一生。其他配角也大量增補內容才修改得較爲充實可觀，爲《長恨歌》彌補了不少漏洞。

然而，借助經久不衰的「上海懷舊」，《長恨歌》這部既是僞民國——以不够格的「滬上淑媛」王琦瑤當主角；又是僞後民國（一九四九後的所謂新中國）——由王琦瑤表演不可能過的「民國生活」的《長恨歌》，竟成了「上海民國風情」的注解，幷在沒有正常文學批評的時代演化成「經典」。事實上「《長恨歌》根本無法穿透作爲一種時代性的精神症候的『上海懷舊』，而是成了文化時尚的『精神俘虜』，幷且終于同流合污。……共同致力于對真正歷史的强迫性遺忘。」[1]

到此，我的一個疑問也得到了解答，寫作技巧可謂爐火純青的《長恨歌》爲何不能打動讀者？問題恰恰也出在技巧，「技巧越高超，謊言掩蓋得越深，離生活的真實越遠，離文學的精神越遠。」[2]

審讀完《長恨歌》，我不勝感慨。已成「經典」的《長恨歌》却經不住我一個人的剖析，在寫上述文字時，我反覆冒出信口開河、信馬由繮、胡編亂造、粗製濫造之類的近義詞，因爲類似的情節實在太多，讓我詞窮言枯到愧赧。

不知頒獎給《長恨歌》的評委看到拙文是否汗顏，因本文開示的幷非是高深的創作理論，而是成熟作品不該出現的基礎病症。誠如蒼狼直言的：

> 《長恨歌》存在的問題，具有相當的普遍性，因爲在外觀

1 何言宏：王安憶的精神局限。

2 蒼狼：陽光和玫瑰花的敵人——致王安憶君的一封公開信

上，無價之寶和平庸的贋品幾乎是一樣的。[1]

由此觀之，雖然拙文談的是《長恨歌》，從中也不難一窺大陸文壇之現狀，在充斥著大大小小《國王的新衣》的中國文壇，拙文不過是那個指出國王沒穿衣服的稚童。

1 蒼狼：陽光和玫瑰花的敵人——致王安憶君的一封公開信。

第二部分　《福民公寓》——一部反映上海史實的作品

一　寫作的緣起

詳敘完《長恨歌》，該論說與之「攀比」的拙作《福民公寓》了。

一九八〇年代的大陸，文學熾熱，文學青年蔚然成軍，我也是其中一員，業餘有感而發寫點小文，沒奢望去寫長篇小說。然而，如同不少意外成爲寫作者所體悟的，有些作品讓你看了不敢生妄念，比如普魯斯特的《追憶逝水年華》之類，但另一些却讓你讀之克制不住嘗試的衝動。

當年，我就遇上這樣兩部作品。

一部是梁曉聲的長篇小說《一個紅衛兵的自白》。小說開篇和我的文革體驗有點類似，但讀下去就成了一個紅衛兵參加造反大串聯的流水帳。作品的內容如此單薄，主角紅衛兵的形象如此蒼白，我想，我熟知的文革人物就遠比他複雜生動！

第二部是王安憶的長篇小說《69 屆初中生》。先看陳丹青的一篇短評：

> 從文學、小說的角度說，這不是一篇長篇小說，而是寫得很長的，介于回憶、自傳、小說之間的東西。……你對長篇的

結構、層次、脉絡，不知是有意不去深究還是能力不够，總之，這長篇只在長，多在陳訴和描繪，缺乏內在的嚴密的邏輯力量，所以感情發揮不够深沉。主題也烘托得不够。[1]

陳丹青的灼見也是我讀此書的感受，對《一個紅衛兵的自白》也完全適用。

于我而言，《69 屆初中生》還有更具體的刺激。

從小說中，我知道王安憶是向明中學六九屆初中生，文革時取消入學考試，小學畢業都是就近分配入學，她的家就在學校不遠。而我就讀的長樂中學，學校的大門隔馬路對著向明中學的大門，我家離學校不足二百米，那麼和王安憶的家約在一裏路之內。所以，她書中寫的一些街談巷議我也聽聞過，覺得她沒寫出啥深意。

王安憶和梁曉聲以寫知青文學而聲名鵲起，當時已是刮目相看的新銳作家，却寫出上述那樣稚拙粗疏的作品。依此而言，我不僅覺得寫長篇是可望也可及的事，且自信自勵，我至少可以寫一部好于這兩部的作品。

還有一個執念也是我立意的動力。

兩千多年前，秦始皇罪不可赦地搞「焚書坑儒」，那也是一場堪稱浩劫的「政治運動」，一定少不了抄家查收禁書，也一定遭遇反對抗爭，爲之殉難的儒生也一定不少。秦始皇至今背著滔天的罵名，但罵來罵去也僅「焚書坑儒」四字，後人讀不到四字背後的軼事，執行者如何焚書，又如何坑儒？

我輩不能重蹈那樣的覆轍，給千年後的子孫留下文革「抄家批鬥」的謎團。儘管類似《上海生死劫》等紀實作品，以受害者的角度控訴文革，爲受難人留下了一份證詞，但無法反映文革的複雜性。

1 陳丹青：關于《69 屆初中生》的來信。

以文革中的加害者來說，他們參與抄家批鬥的動因各不相同，有趕潮流表現革命精神的；有摻雜著仇富心理鬥地主資本家的；有受當權者不公正對待挾嫌報復的……即使看熱鬧的旁觀者，也少不了各種幸災樂禍心理。所以，文革是人性的巨大試煉場，不同階級（層）的人群、形形式式的人樣，以光怪陸離的表演輪番上場。爲此，要挖掘「抄家批鬥」背後的深層原因，描摹捲入其中的人物群像，反映社會動亂的全貌，記錄時代的史實，莫過于用小說這種藝術形式。

這是我書寫《福民公寓》的初衷。

二 寫作的醞釀和完成

此後經年，作爲非文學從業者，我只能亢奮地在腦屏上構思謀篇。所幸，我得到一個去日本留學的機緣，走了趟模仿我仰慕的魯迅「弃醫從文」的旅程，隨後移居愛爾蘭。

終于可以謄抄醞釀許久的腹稿了。

然而，小說的人物情節有了，主題也形成了，就是遲遲下不了筆，我需要解答自設的難題，「革命群衆」爲何「自發」濫施「抄家批鬥」？

籠統說，是毛發動的文革鼓惑了他們。但是，毛搞文革的目的是摧毀劉少奇的勢力，而衝擊地、富、反、壞、資本家是基層革命群衆（紅衛兵、工人和貧下中農造反隊等）近乎「自發」的行動，只因符合毛的「天下大亂達到天下大治」的意圖被放任而已。

我搜索海外研究文革的材料，讀到楊小凱的一篇文章，談文革中的「社會衝突論」才茅塞頓開，困擾小說的「文眼」也隨之貫通。我用一年時間完成《福民公寓》初稿，却花三年烹文煮字地修改，爲找一個滿意的開頭又延宕近一年。對比王安憶花五個月「推理」出《長恨歌》的超常「虛構」才氣，我只能爲自己缺乏編造能力而自愧弗如。

三 《福民公寓》與《長恨歌》誰說盡上海?

雖然論「虛構」《福民公寓》不敢望《長恨歌》項背，但說「寫實」倒可以道一番長短。用魯迅名言注釋非常貼切：「從噴泉裏出來的都是水，從血管裏出來的都是血。」

《福民公寓》是醮著蒙難者的血迹書寫的，我寫作的唯一目的，就是遵循陀思妥耶夫斯基說的，「我只擔心一件事，我怕我配不上自己所受（對我來說是所見）的苦難。」災禍是文革親歷者的最大財富，要不空耗它的最好方式，就是掮起應負的使命，寫出那個時代的真相。

《福民公寓》講述一九四九年到一九八〇年代末，尤其是文革期間我的「左鄰右舍」遭殃的悲劇。他們中有工人、機關辦事員、區長、醫生、翻譯、舞女、大學生、大資本家、高知右派等。很偶然的，我沒聽聞過蔣梅英命案，却在小說中寫了一個民警利用職務與舞女通奸的事。

《福民公寓》裏林林總總的人物，是上海市民的群像。他們充溢我的情感，代我傾述半輩子的生活感觸。他們至少比王琦瑤有資格做上海「代言人」。

王安憶曾自詡自己是寫匠，無論坦率自謙還是驕傲自得，這是她的夫子自道。因此，與《福民公寓》不同，《長恨歌》不過是她寫作流水綫上的又一部産品，猶如黃惟群分析的：

> 她用一把米非要燒出一鍋飯，于是拼命加水，加到清湯寡水。……這也是爲什麼，《長恨歌》這樣一部穿過幾個歷史時

期、從遙遠處緩緩寫來、足以寫出一個天大的生命之蒼涼的小說，最後竟出現了王琦瑤喪身刀下的戲劇性結局。這死死得毫無道理，死得偶然，死得沒一點必然性；更重要的是，這死，觸及不到王琦瑤悲慘命運的本質，加深不了讀者對她悲慘命運的認識。[1]

因爲《長恨歌》是王安憶的「一次冷靜的操作，人物和情節經過嚴密的推理」出來，所以通篇不見有血氣生氣意氣精神氣、充滿生命力的人物，有的只是頹廢淫靡和暮氣垂死的角色就不足爲奇了。

結果，無論是王琦瑤遇害横死，還是蔣麗莉暴病而亡，因人物脉絡雜亂，只見怪异，不合邏輯，是零度感情寫出的「冷文學」人物，讀者也只能冷漠以對，擠不出熾熱的同情。

細數古今中外的經典名著，找不出一本其中的人物讓讀者看了無動于衷的，「經典」《長恨歌》可能打破了先例。百年後，如果《長恨歌》有幸成爲另類經典，其最大作用就是給後人留下一份記錄，讓他們知道當今的作家是如何「改造」我們時代的。

1 黃惟群：一個缺少自我的作家——王安憶作品談。

四 留待後人評說

誠然，《福民公寓》和《長恨歌》誰真誰假？到底誰說盡上海？讀者才是公正的裁判。王安憶曾大言不慚地說，中國已經什麼都可以寫了，那麼就請她憑中國作協副主席官位，讓大陸允許出版《福民公寓》，然後糊去《長恨歌》和《福民公寓》的書名，請百位未讀過這兩本書的讀者閱評定論。

這當然是我一厢情願的天真幻想，而不是可以實行的設想。好在一切都在我的意料中。我拿《福民公寓》比附《長恨歌》，不爲表明《福民公寓》如何出色，而是道破「杰作」《長恨歌》如何災梨禍棗。就像一個人有命運，一本書也有書運，早在寫《福民公寓》時我就準備好接受它的境遇。如同《福民公寓》淹沒在書海中，這篇文章也難免相同運勢。但我堅信，《福民公寓》總有在大陸出版的那一天，也必能作爲一部瞭解上海文革史實的作品而遺存。

巴金晚年這樣談寫作：

> 三十年代我在北平和一個寫文章的朋友談起文學技巧的問題，我們之間有過小小的爭論，他說文學作品或者文章能夠流傳下去主要是靠技巧，誰會關心幾百年前人們的生活！我則認爲讀者關心的是作品所反映的生活和主人公的命運，我說，技巧是爲內容服務的。……我甚至說藝術的最高境界，是真實，是自然，是無技巧。……我不能說服他，他也不能說服我，我們走的是兩條不同的探索的路。[1]

1 巴金隨想錄，探索之三。

《福民公寓》與《長恨歌》「之爭」，如同巴金和他的朋友之爭，巴金和他朋友孰是孰非已經明瞭，而《福民公寓》與《長恨歌》則待未來定讞。

二〇〇八年，加拿大的一位叫愚翁的讀者，在自己的網頁列出四本喜歡的書:《一九八四》《動物農莊》《福民公寓》《論語別裁》。沒有比這份「答卷」更令我寬慰。我不敢妄拿《福民公寓》攀附奥威爾的作品，但我孜孜以求的最高目標，就是能進入《一九八四》之類作品的行列，哪怕排在最末尾，也是我的榮耀。

我最大的心願，就是百年後，《福民公寓》仍然排在《一九八四》的行列，讓讀者借助它明鑒今日的上海和中國，而不爲「經典」《長恨歌》魚目混珠的「代言」所誤導。

我滿含羞臊寫下拙文，不爭一時一事，僅作備忘，爲百年後的讀者立此存照!

附文 一部堪稱文革紀念碑的長篇小說

——新版《福民公寓》出版弁言

一

此前，我們决不會想到出版這樣一本書，而且還帶著驚喜。這本叫《福民公寓》的長篇小說，二〇〇四年在香港出版，二〇一二年在臺灣出版，前後已經發行了二十年，且是講述「過時」的文革故事。

關于文革，我們雖非親歷者，但在國內時沒少讀此類作品。早在二〇〇〇年，文學評論家許子東就出版了《爲了忘却的集體記憶——解讀五十篇文革小說》的評論集，還準備增訂出七十篇文革小說，顯見涉及文革的作品已洋洋大觀。後來不少名家的小說：如莫言的《生死疲勞》、閻連科的《堅硬似水》、余華的《兄弟》、賈平凹的《古爐》等也常被列入文革作品。

不妨欣賞一下這些作家的「生花妙筆」：

——《生死疲勞》出現這樣的場景：「車上的紅衛兵在『大叫驢』的率領下喊起了口號：打倒驢頭縣長陳光第！——打倒奸驢犯陳光第！『大叫驢』的嗓門，經過高音喇叭的放大，成了聲音的灾難，一群正在高空中飛翔的大雁，像石頭一樣劈裏啪啦地掉下來……」大雁肉味清香，集上的人像一群餓瘋了的狗因搶大雁而發生踩踏，引發混戰，最後變成武鬥。「事後統計，被踩死的人有十七名，被擠傷的人不計其數。」而陳縣長却「騎著紙驢，在全縣的十八個集市被游鬥，把身體鍛煉得無比結實，原來的高血壓、失眠等毛病全都不治而愈。」如此出彩的文革鏡頭，顛倒人們的文革認知，却以「魔幻現實主義」高自標譽。

——《堅硬似水》的男主角復員軍人高愛軍和女主角嫁到鄉鎮的城市女孩夏紅梅，背叛各自的婦與夫成爲戀人，在文革中患上「革命狂魔症」，極度宣泄權欲和性欲。他們一壁以革命的名義造反奪權；一壁聽到紅歌勃起，想到革命手淫，伴著文革的口號標語和鬥爭歌曲在廢弃的墓洞、野河、溝渠、草垛，甚至挖地道瘋狂通奸做愛，及至在地道裏砍殺奸婦之夫，雙雙被槍决。這般「出奇出新」聞所未聞的文革，有一頂「荒誕現實主義」桂冠。

——與之相比，《兄弟》中的文革「寫實」到近乎漫畫，故事中的行凶者都是無名無姓的紅（衛兵）袖章。地主分子宋凡平在車站被追堵他的六個紅袖章截住，又趕來五個紅袖章，十一個紅袖章一起把他活活打死；紅袖章把野猫放進孫偉父親的褲襠裏抓咬，還用烟頭燒他的肛門，他受不了折磨往自己的腦殼砸大鐵釘自殺……光怪陸離的「紅袖章」的暴行，一看就是道聽途說文革者的編凑。

——文革在《生死疲勞》中只是閃回，在《兄弟》中是片段，到了《古爐》才細說一個村莊的文革「全過程」，故被論者譽爲「中國大陸目前所看到的有關寫文革的這類題材創作中，最獨到、最蘊厚、最辟裏、最人性、最具有人類意識的一部作品。」然而，作品的「最文革」是：古爐村裏兩支造反隊——夜姓村民組成的造反派榔頭隊與朱姓村民組成的保皇派紅大刀隊——你死我活的武鬥，看上去十分慘烈，但若沒有文革的獨特布景襯托，完全是中國傳統農村勢不兩立的宗族爭鬥。

看似賈平凹別有深意，藉此詮釋文革與中國民族性的關係，斫掘出文革發生的歷史淵源，古爐（村）燒出的瓷器（China）正是中國的象徵。但作者回避了文革狂飈能够鼓蕩起的原由是中共的獨裁體制，以及主宰這個體制的文革策動者毛澤東，不追索文革肇事者的孽愆，而去推溯民族劣根性，都是避實擊虛地自欺欺人，是以「文化决定論」爲現政權脫罪。

所以，無論是莫言的魔幻、閻連科的荒誕、余華的戲說、賈平凹的「尋根」，都是同一路數，如評論家許子東（用贊賞的口吻）評價《活著》：「只述厄運，不查原因，只見苦難，不見惡人。」「小說是可以承受的沉重宣泄，但又不直接關乎體制。」于是，在精神上自斷脊梁的作家，既利用文革素材，又不逾界觸禁，便把文革當小說人物的背景，用變形金剛的技巧圖解文革的荒唐崇高，用低級趣味的下流消解文革的「神聖」意義，再冠以先鋒文學之類的美名。所謂「魔幻」「荒誕」之類，不過是用眼花繚亂的鬼畫符模糊歷史真相，用故作高深的手法蔽匿內在精神的孱瘠，直至裱褙創作功力不逮的尷尬，最後寫出的只能是回避慘酷現實，患上失語症的病態作品。

由此也解答了我們的一個疑惑，文革題材在大陸已屬犯禁，這些欲望賁張的狗血劇情和言不及義寵物呻吟式的「文革」作品爲何能大行其道？因爲隔靴搔癢無傷大雅的文革故事可以混淆視聽，讓無文革踐曆的讀者曲解文革，以爲文革好似中國民衆自發的一場鬧劇，而紅衛兵如同清末愚昧凶頑的義和團。

有趣的是，不知因過度憂懼而自造緊張，還是爲推銷書籍而自造噱頭，《堅硬似水》《兄弟》之類的書還被「疑問」：這種書怎麼能在大陸出版？

二

直到在海外邂逅喻智官先生的力作《福民公寓》，在承受心理和意識衝擊中讀完該書，我們才知道什麼是文革，什麼才是真正書寫文革的作品，也才明白，僅就文學作品論，墻內墻外也完全是兩個天地。《福民公寓》這樣的書別說在國內出版，出版社碰都不敢碰。所以，比之《福民公寓》，前述名家的「文革」都是贗品，《福民公寓》才貨真價實全景式地摹繪了文革的整個過程。

首先，從橫向的面上說，《福民公寓》集中狀寫上海原法租界高級公寓裏居民在文革中的遭際：其中有副區長和區委辦事員；有參與造反的紅衛兵；有大資本家；有右派分子；有留學過日本的研究所圖書館員；有解放前百樂門的舞女；有留學過英國的天主教徒醫生；有印尼歸國華僑等衆多角色。作者在鋪叙這些人物生死歌哭的同時，通過這些人物的活動，勾勒了文革時下至大、中、小學校，上達市、區政府的劇變，還延伸觸及上海平（貧）民地段和周圍農村地區乃至外地的文革騷亂，讓福民公寓的厄難成爲全國文革的縮影。

其次，從縱向的綫上說，《福民公寓》的故事發生在一九六六到一九八六年間，但通過人物遙憶等情節，倒叙公寓住民一九四九年至一九六六年的景況，表明儘管文革始于一九六六年，但「福」民公寓住民從一九四九年就開始罹亂了，文革迍殃只是一九四九年後一系列政治運動的總爆發。在一九四九年這個節點上，還有兩個從蘇維埃亡命上海寄居福克（民）公寓的白俄，驚悉中共軍隊跨過長江後，一個不畏老邁再遠走加拿大，一個乾脆絕望地自戕。如此就把一九六六年與一九四九及暴政濫觴的一九一七年十月革命聯繫起來，把文革置于國際共運的鏈條上徹底反思：文革雖非必然，但也絕非偶然，它只能在國際共運分支的中共極權下發生。

與此同時，小說用社會衝突標示野蠻地抄家批鬥，并開鑿不同當事者的前世今生，透泄出國人冤冤相報貧富輪回的遺弊殘滓。比如，遭大難的資本家南荃裕，追勘他祖上的發家史，可以窮究本末到百年前太平天國時期，他的先祖趁火掠劫財主得暴富；而子女紛紛參加紅衛兵造反的吳東旭，如刨根稽考，百年前他的祖上却是富甲一方大地主。

這樣，《福民公寓》在横幅和縱軸兩面敷陳，傾力從廣度和深度攝錄文革。

三

需要强調的是，《福民公寓》不是用說教而是以經典現實主義，也即巴爾扎克、契科夫的現實主義創作理念，以生動的現場感，豐富真切的生活細節，情理畢肖的時代氛圍，藝術地演繹本身足够荒謬荒誕足够「非現實主義」的文革。

《福民公寓》圍繞公寓居民寫了四十幾個人物，不僅主要角色形象逼真靈動，即使著墨不多的次要角色，也獨具性格，面目分明。他們的音容笑貌讓你讀之如聞其聲，如見其人，就像一組群雕，讓人鐫印在腦，也讓人聯想曹雪芹在《紅樓夢》中對人物的活畫。

不難看出，書中栩栩如生的人物，大量充實貼切的細節，是作者基于現實生活中的原型進行藝術的再現，而不是在書房閉門造車「虛構」製作。

就說文革第一要角紅衛兵。迄今有關紅衛兵的形象不外乎兩類：一類是張承志、梁曉聲等人筆下的「理想主義者」，紅衛兵始終是正面人物；另一類是余華（沒身臨文革初期大動亂，僅憑口耳之學得來的信息）等人筆下的凶神惡煞，屬反面人物；兩者的共同點都是把紅衛兵簡單化或臉譜化。而《福民公寓》中的紅衛兵不落窠臼，他們參加紅衛兵造反的動機各异，既有受毛蠱惑的一面，又有不滿學校及各級領導官僚主義的一面。參加里弄專政隊裏的紅衛兵吳國慶，因自身的貧寒而帶著仇富心理加入抄家批鬥資本家，同時，當外來的紅衛兵批鬥喜歡自己的歸國老華僑，她還出面阻止。諸如此類既反映了紅衛兵造反心理的複雜，又剖悉了文革也是當時社會積累的各種尖銳矛盾的破防。

《福民公寓》還多層次多角度地演示人物的生存狀態，在關照人物個性和命運的同時，注重爲异化時代留存真迹。

——舞女祝秋藝，「解放」後爲找政治靠山，先是嫁給工人丈夫，文革中丈夫在武鬥中喪身，爲尋找新的靠山，又用色相腐蝕戶籍警，這是她可憐的一面；同時，她不甘忍受低人一頭的成（身）份，常在鄰里間尋機引風吹火無事生非，顯露出潛意識中要做「正常人」的好勝，又是她可嫌的另一面。

——戶籍警趙河竹利用公職與舞女搞腐化，還性侵資本家孫女，十分可惡。但他占有上海女人的欲望出自失敗的戀愛。「解放」後的戶籍制度在城鄉間築起鴻溝，趙河竹憑退伍軍人從農村招進上海公安局，使他成爲極少數進城工作的農家子弟。然而，他進城的幸運反成爲他婚戀的不幸，他因自身與城市隔膜的農民特徵而受歧視，致使他與上海姑娘的戀愛一再失敗，人們在譴責他時難免帶一絲同情。

——嚴軻因父親的歷史問題喪失上大學的資格成爲社會青年，爲補救自己的「先天」缺陷，他把自己的皮夾子（錢包）上交裏委會，自造拾金不昧的「好人好事」，試圖以「出身不能選擇，重在自我表現」爭取上大學。這一情節，既爲嚴軻怨恨父親，在文革中批鬥父親埋下伏筆，也記實了因制度性歧視造成的社會不公，以及「學雷鋒，做好人好事」之類洗腦活動的虛僞和异化。

這些人物的悲劇既出自他們的生性，更由畸形時代「鍛造」，他們都是非人道政治制度的犧牲。

四

《福民公寓》以飽滿而多姿多彩的人物，自然而扣人心弦的情節，形成大開大闔的張力和美感，讓讀者獲得極大的藝術享受，這些固然是小說的成功所在，但《福民公寓》的最大價值，在于用批判現實主義的姿態，精微顯著地雕鏤時代和社會本真，以此昭示世人：借社會主義之名，行極權統治之實的共產制度，必定給人類造成巨大災難。因此，《福民公寓》在紛呈時代風雲的廣度和深度的基礎上達到了罕有的高度。

二〇〇八年，加拿大一位讀者在網上列出自己喜歡的《一九八四》《動物莊園》《福民公寓》等四本書，他對《福民公寓》的定位非常準確。如果說寫于一九四八年的《一九八四》是預言小說，那麼故事起于一九四九年止于一九八四前後的《福民公寓》，用極權社會的世相百態實證《一九八四》的不朽預言。

《福民公寓》中有一個情節寓意深長：來上海大串聯的北京紅衛兵誘奸了資本家的孫女南延泠，回北京前他留給南延泠的姓名是：毛文革；地址是：北京天安門一號。南延泠因懷孕打胎而瘋了。十年後，毛澤東駕崩，南延泠早就把毛澤東和貌似毛澤東的紅衛兵「毛文革」混爲一談，在觀看電視轉播天安門追悼會實況時，她以爲自己尋找了十年的「毛文革」死了，禁不住哀慟悲愴地吼叫：「毛文革死了！」僅此一吼，舉重若輕自然巧妙地把故事推向高潮，也把强奸民情，淩辱民心，發動文革的毛澤東釘在歷史的耻辱柱上。

作爲長篇小說的《福民公寓》在結構上也頗具匠心。從引章寓居福克（民）公寓年逾古稀的白俄出走即將落入中共之手的上海開場，到末章寫「福」民公寓裏熬過文革歲已耄耋的資本家等人遁離上海劇終，不僅前後呼應，也深化了小說的主題和思想，達到藝術形式和內容完美結合的審美效果。

彰顯深刻思想的作品必然有雋永的生命力。《福民公寓》所解析的文革浩劫和逃逸共產專制的命題，迄今不斷得到現實的回應與佐證。

新冠疫情期間，號稱國際化大都市的上海，在世界面前上演了一幕幕用極端手段封城的人道慘劇，主導運作的還是曾經操縱文革的權力機構。同時，從一九一七的逃離莫斯科（蘇聯）潮到一九四九和一九八〇年代兩次逃離上海（中國）潮，再到一九九七年和二〇二二年兩次逃離香港潮，都在在證明，共產極權專制存在一天，中國社會就沒有走出文革，中國人就擺脫不了遷逃的宿命，由此可以說，文革既是過去的歷史，也是當下的現實。

《福民公寓》作者以陀思妥耶夫斯基的名言「我只擔心一件事，我怕我配不上自己所受的苦難」自我鞭策，從見證苦難這一樸素的文學立場出發，醞釀二十載，伏案五年，用身心當筆，蘸著奔湧的熱血，抒寫交織愛與憎的不可複得的人生體驗，撰著非目睹者不能盡言的悲劇歷史，完成了一部可遇不可求，在華語文壇上不可多得的佳作。

因此，我們秉持與作者同樣的精神，爲留住真實的歷史，留住真誠的文學，也爲擴大與《福民公寓》不相配的影響力而出版此書，意欲讓更多讀者結識這部凝聚文革文學結晶的作品，走進或回味那段創鉅痛深的歷史，并重新審視認識我們身處的現實世界。

（加拿大飛馬國際出版社 2024 年）

中國當代文學的尷尬

——從得茅獎的王安憶看得諾獎的莫言

前文《誰說盡上海》強調，以《福民公寓》對陣《長恨歌》的形式詳論，幷非作者自矜《福民公寓》是如何了不得的佳作，而是揭示文壇一姐王安憶的《長恨歌》這樣浮華失實、被網民一針見血地調笑爲「痰盂鑲金邊」的作品，爲何不僅贏得茅盾文學獎，還能登上文學「高峰」成爲「經典」，目的就是剝下一件「國王的新衣」，裸露當下中國文壇不堪審視的現狀。

事實上，比起得茅盾文學獎的王安憶，文壇一哥莫言這位「國王」穿的「新衣」更耀眼豪華，如果說王安憶是國家級的，得諾貝爾文學獎的莫言當然是世界級的，爲此附上兩篇評論莫言的拙作，讓讀者欣賞莫言披挂在身的「新衣」的成色和質地，一覽熱鬧「繁盛」的中國文壇的魔幻真相。

莫言憑什麼得諾貝爾文學獎？

爲什麼是莫言？

莫言得諾貝爾文學獎，消息一公布，諾貝爾獎真的成了炸藥獎，在世界各地的華人中炸開了鍋，輿論嘩然，熟悉和不熟悉莫言的人异口同聲地問：「爲什麼是莫言？」

先不論民衆的冷嘲熱諷，稱瑞典文學院頒獎給莫言是向中共十八大「獻禮」，以「糾止」前幾次（包括挪威的和平獎）頒給异議分子的錯誤，單說莫言面對他抄寫毛著及黨員身份等質疑時，心虛又得意地宣稱自己得獎「是文學的勝利」，言下之意，用文學標準評價他的作品是够格的。莫言還抱怨許多批評他的人「根本没讀過他的書」，那麼我們就來讀莫言，看看他的作品質量到底如何？

十幾年前，沖著莫言的大名，買了一本《豐乳肥臀》，但讀了幾十頁就讀不下去了。幾年前，聽到他又寫了一本「廣受好評」的《檀香刑》，忍不住好奇拿來看，却是邊看邊噁心，勉強看完，留下的全部印象就是吃了一碗變質的雜碎，還是混有蟑螂、蒼蠅的。如今，莫言得了世界文學的最高獎，我不得不反省，是不是我鑒賞力不够？于是，再耐心讀他的得獎作品《蛙》和《生死疲勞》，勉強看了半部還是看不下去。無獨有偶，王蒙和查建英做客鳳凰電視臺「鏘鏘三人行」節目談莫言得獎，查建英說莫言的長篇都看不下去。

當然，超一流的好作品也不一定讓大多數人接受，尤其對非文學專業的人。比如：篇幅過長的托爾斯泰的四卷本《戰爭與和平》和普魯斯特的 240 萬字的《追憶似水年華》；過于深奥艱澀的喬伊斯的《尤利西斯》、過于幽玄迷離的卡夫卡的《城堡》等等。

那麼莫言的作品也是這樣的陽春白雪嗎？

儘管看不下去，爲了做出自己的判斷，硬著頭皮把《豐乳肥臀》和《生死疲勞》、《蛙》看完。

東施效顰的「模仿現實主義」

諾貝爾文學獎評獎委員的頒獎詞說：「莫言將魔幻現實主義與民間故事、歷史與當代社會融合在一起。」魔幻現實主義，顧名思義，就是魔幻加現實主義。是加西亞·馬爾克斯爲首的一批南美作家開創的文學流派，其代表作是驚動西班牙語文壇的《百年孤獨》。作品講述西班牙移民後代布恩蒂亞百年前在南美「沼澤霧鎖」的地方建立了一個叫馬孔多的村莊，是與現代文明完全隔離的未開化地，愚昧落後的馬孔多人對一切荒誕不經都深信不疑。所以，小說把現實與神話、傳說、夢幻雜糅，情節奇譎多變，打通客觀與主觀、人間與鬼域的界限，反映了拉丁美洲的一段蒙昧歷史。

莫言模仿「魔幻現實主義」講「高密東北鄉」的故事，以《豐乳肥臀》和《生死疲勞》爲代表作。《生死疲勞》用中國佛教的六道輪回的觀念，讓土改中被處死的地主再生爲驢、牛、猪、狗、猴講述遭際，差強人意地模仿了「魔幻」形式。而《豐乳肥臀》在人物和角色關係的構思上套用（說得不客氣是抄襲）《百年孤獨》。比如《百年孤獨》裏有一個貫穿始終的母親烏爾蘇拉，照顧幾代子孫，《豐乳肥臀》裏也有一個母親上官魯兒，也是照看幾代子孫；《百年孤獨》裏有一對雙胞胎、有一個活了二百歲的神人，有姑侄亂倫，有蕾梅黛坐著毯子飛上了天；《豐乳肥臀》也有一對雙胞胎，有一個活了一百二十歲的仙人，有姑父和侄女亂倫；有一個烏兒韓飛上了樹，《百年孤獨》中的保守派和自由派內戰，《豐乳肥臀》書寫成中國的抗戰和國共內戰，雷同的還不止這些。簡而言之，《豐乳肥臀》不過是用中國歷史事件的元素在《百年孤獨》的框架裏填充。

然而，莫言在極盡模仿之能事時，忘了《百年孤獨》從表現手法到人物心理和精神狀態，與故事的背景地印第安古老獨特的地域文化和人文環境十分貼切。讀《百年孤獨》時，你覺得書中人物怪异和荒誕，但放在吉普賽人、各種巫術、半原始的窮鄉僻壤的氛圍中，似真非真又不失真。

而「高密東北鄉」地處中華儒家傳統文化土壤深厚的齊魯平原，百年來，雖然封閉落後于城市，但幷非是與中國社會進程脫節的蠻夷之地。莫言把《百年孤獨》中的凶殺、暴力、血腥、亂倫硬貼到《豐乳肥臀》上，把偷情等人欲横流的現象放大成鄉村的主流，是現實中找不到對應圖景的胡編亂造。比如，上官魯兒的九個子女，是跟姑父（還得到姑母認可）、牧師、和尚、土匪等七個人苟合和野合出來，已經匪夷所思，和洋牧師生出的野種金童還是金髮碧眼高鼻梁，在封建意識濃厚的農村，真有這樣的母子，即使家人不管，也早被鄉鄰的唾沫淹死了。

如果說，莫言小說的「魔幻」部分東施效颦，那麼「現實主義」部分能否給讀者幾個讓人難忘的人物呢？比如，我們在托爾斯泰的《復活》裏爲深具宗教懺悔意識的聶赫留道夫感動；在屠格涅夫的作品裏認識他同時代的「多餘人」；我們被陀思妥耶夫斯基的《卡拉馬佐夫兄弟》震撼；從魯迅的「阿 Q」身上看到自己的影子；從沈從文的《邊城》裏看到翠翠清純如泉的美好人性；同情又不無嫌惡地看張愛玲《金鎖記》裏的曹七巧病態的乖戾陰鷙等等。

可惜，你在莫言的作品裏讀不到類似的人物。莫言幾部長篇寫了上百個人物，却沒有一個是豐滿獨特讓讀者動容的。按文學評論家李建軍的說法，莫言小說中的人「都是扁平的」。比如，《豐乳肥臀》中寫了八個姐妹，但你無法區分她們的個性，或者說她們之間可以互相交換，是莫言分配她們去嫁給國民黨官員、共產黨幹部、土匪、當妓女，而沒有人物本身性格發展的脉絡，一些次要人物更是召之即來，揮之即去。

結果，看莫言自己得意的幾部作品，就像看一台春晚，他就是春晚的導演，指揮演員拖拖拉拉皮皮沓沓熱熱鬧鬧表演四個小時，但帷幕一合觀衆什麼也沒得到。當然，就像春晚總有一、兩個好看的節目，他的長篇也有一些出彩的段子和不少活潑的語言，但在他隨意隨性毫無節制的筆觸折騰下，那些別出機杼頗具魅力的語言和情節，經過恣肆汪洋滔滔不絕囉嗦贅言的混合，成了暴雨後的泥石流，泥沙俱下沖決一切，再美的風景也都毀壞殆盡了。

玩賞殘忍和「卡通化」

所以，莫言借用「魔幻現實主義」，與其說是發揮自己侃大山式的「發散性」思維，不如說是掩藏自己缺乏大作家細膩刻畫人物的功力，披上「魔幻現實主義」這件織錦外袍，也不過是化腐朽爲神奇，以遮蓋美化袍子底下的骯髒敗絮。

「魔幻現實主義」的一個特徵就是反傳統文學的審美觀念，表現一種審醜的美學，同時，魔幻現實主義經典作品的作者又遵循「變現實爲幻想而又不失其真」的創作原則，也就是審醜也有它內在的合理性，也要有一個度。比如，《百年孤獨》裏的雷貝卡在苦惱時吃泥土、墻灰、蚯蚓、水蛭；蕾梅黛絲「用自己的一撅兒糞便在墻上畫小動物。」都是病態的癖性，世界上也存在這樣的异人。

然而，莫言知道，要成爲「大作家」就不能限于模仿，還要有超越「創新」精神。于是，他極盡變態誇張之能事，把不能自圓其說的故事，道聽途說的無頭案，摻上凶殺、暴力、血腥、亂倫，用審醜的「美學」敷衍成章。他在《檀香刑》裏展示淩遲錢雄飛的虐行：一刀一刀要割足五百刀，最後一刀下去方可斃命，早一刀晚一刀都算劊子手的失敗，而且每一刀割哪個部位、大小、薄厚都有嚴格的標準，洋洋灑灑寫了十八頁的篇幅，看到這裏，讀者也在跟著受刑。莫言把殘暴的酷刑當藝術品來設計，猶如綉花姑娘勾勒了一款新圖案，再用絲綫一針一綫精心刺綉。讀者在反胃時不由悲嘆，從容寫下這些文字的作者，要有多麼堅韌超常的玩賞醜惡的心理。

同時，再好的藝術形式也不適合任何題材，莫言用「魔幻」表現「土改」、「三年自然灾害」、「文革」等浸透苦難的政治運動，過于荒誕的卡通化人物和情節，消解了戰爭的悲壯歷史的沉重，不堪回首的悲劇演成突梯滑稽的喜劇。《生死疲勞》中寫到，許多老幹部憶起文革總是血泪斑斑，把文革期間的中國描繪成比希特勒的集中營還要恐怖的人間地獄，但我們這位縣長却幽默講述自己的遭遇：「他騎著紙驢，在全縣的十八個集市被游鬥，把身體鍛煉得無比結實,原來的高血壓、失眠等毛病全都不治而愈。」還有一段說:「車上的紅衛兵在『大叫驢』的率領下喊起了口號：『打倒奸驢犯陳光第！』『大叫驢』的嗓門，經過高音喇叭的放大，成了聲音的灾難，一群正在高空中飛翔的大雁，像石頭一樣劈裏啪啦地掉下來……大雁肉味清香，營養豐富，集上的人瘋了，擁擁擠擠，尖聲嘶叫著（搶大雁），比一群餓瘋了的狗還可怕。」搶大雁變成了混戰，變成了武鬥，最後十七人被踩死，傷者不計其數。

批鬥治好了的頑症，批鬥演變成爭搶大雁，且死傷人數勝過武鬥，黑色幽默也兜不住如此無厘頭。

急功近利粗製濫造

「魔幻」和「意識流」還給了莫言一個便利，就是「小說可以這樣胡言亂語（莫言看了《喧嘩和騷動》後的體會）」。無拘無束地胡編亂造，使莫言愈寫愈順，愈寫愈得意，用四十多天完成《生死疲勞》，用九十多天完成《豐乳肥臀》，可以比肩二十五天完成長篇小說《賭徒》的陀思妥耶夫斯基、爲還債幾乎不打草稿的巴爾扎克。但莫言也是這樣的天才嗎？

上世紀五十年代中期出生的人，最關鍵的長知識的十年趕上文革，基礎文化都是小學程度，文革後再補也補不上童子功。有自知之明的人，一個嚴肅對待寫作的人，會格外用心，以勤補拙，就像傅雷提醒張愛玲那樣，「要多寫，少發表」。

但莫言覺得自己的腹稿快于自己的筆，一個個構思像阿拉伯的石油，在沙漠上打個洞就咕嚕咕嚕往外冒。連給他啓蒙的福克納的《喧嘩與騷動》也只看了半部，心態浮躁如此，哪裏會靜心學點文史哲儒道釋。然而，作家可以胡編天方夜譚，却無法亂造學識，所以，莫言小說裏的硬傷比比皆是，而且犯得都是常識性錯誤。

莫言捏造了一個歷史上不曾有、也根本無法實施的「檀香刑」——「一根檀香木橛子，從犯人的谷道釘進去，從脖子後邊鑽出來，然後把那人綁在樹上，維持5天不死。」他大概以爲人體從食道到肛門有根直通的管道，却不知從穀道（肛門）插進去的木棒抵達喉嚨前早就穿破心肺大血管了，受刑者當場斃命，哪裏還讓莫言折磨幾天幾夜？說一個人能受「檀香刑」，等于說一個人能夠（幾天之內）「刀槍不入」。莫言只要翻一下解剖書，或者請教一下學醫的，就不會出這樣的笑話。

《豐乳肥臀》裏的母親是和牧師（神父？）瑪洛亞有奸情的教徒，他倆的私生子金童（我）也受了洗。既然是牧師（神父？），那麼他們應該是新教教徒（中國俗稱基督徒），然而，寫到後面，母親一會兒喊：「天主啊，睜眼看看！」一會兒又一口一句「上帝」。莫言不知，天主教徒只稱「天主」不會說「上帝」，基督徒相反。

瑪洛亞因教堂被鳥槍隊占領就跳樓自殺，基督教教義嚴禁教徒自裁，一個牧師（神父？）怎麼會輕率犯禁？可見莫言不懂教義信口開河，也不知神父和牧師的區別。到最後金童對母親說：「娘，您死了，成佛了，成仙了，到天堂裏享福了，再也不用受兒子拖累了。」莫言以爲教徒像他糟蹋文字一樣，隨便褻瀆信仰，竟然佛教、道教、基督教一鍋煮了。

《蛙》裏姑姑對人說已去世父親：「正是家父。」對故世的父親稱「先父」這樣的常識莫言都亂用。書中還有「頑抗政府」「萬端無奈」等費解的句子。諸如此類的低級錯誤，如果吃不准查查字典，本來不難糾正，可見莫言毫無敬業之心。難怪他只學到大作家的皮毛和形式，沒有把握他們的內涵和精髓，最後畫虎不成反類犬，他的作品既沒有傳承中國傳統文學的長處，又沒學好西方現代派的藝術手法，成了不古不今不中不洋的四不像怪胎。

莫言得獎後有人開始稱他爲「大師」了，看看犯這麼多低級錯誤的「大師」，中國人的人文素養降到了何等地步，但也不足爲怪，垃圾時代出垃圾大師，只是讓中國上世紀前半學識淵博的真正大師情何以堪！

莫言作品中的人性表現在哪裏？

上述種種顯示，也許說莫言的長篇小說是膽大妄爲的「故事會」，莫言是有奇思异想的故事簍子還過得去。然而，莫言不安于這樣的名分，尤其在得獎後，他要拔高自己作品的層次。他認爲，他的「作品之所以能打動評委，是因爲描寫了廣泛意義上的人性，因爲自己一直站在人的角度上寫人，超越了地區和種族。」

可惜，我們在莫言的作品中沒看到應有的人性。

《豐乳肥臀》裏的瑪洛亞牧師（神父？）和母親野合後生下了

我（金童），母親抱著我去受洗，受洗是一個莊嚴的時刻，但牧師（神父？）却和咬著母親奶頭的我搶（摸）母親的乳房，嘴裏還不停地罵我「小雜種」。這裏，父親第一次看到自己的私生子，而且身爲牧師（神父？），本該交織出羞愧驚喜慈愛等複雜感情，正是莫言挖掘人性的場合，莫言竟然寫得如此粗卑下流，何況牧師（神父？）再淫亂，也不至于在孩子受洗時如此玷污上帝（天主？）啊？

對比《巴黎聖母院》裏愛上艾斯米拉達的主教的內心煎熬；《牛虻》裏主教蒙泰裏尼對自己的私生子亞瑟欲愛不能、欲弃不忍的深沉痛苦，莫言的筆下的牧師（神父？）對私生子的態度的人性在哪裏？

《蛙》講的是用殘酷手段執行計劃生育的故事，但書中受害者沒有從人性的角度進行對抗，迫害者也沒有從人性的角度反省。小說主角婦産科醫生姑姑，堅定執行黨的政策，「喝毒藥不奪瓶！想上吊給根繩！」毫無人性地親手流掉「兩千多個」孩子，也沒見她在做黨的工具和不忍心之間的矛盾心理和人性掙扎。老年的姑姑還是被蛙神索命才幡然醒悟，而且停留在「因果報應」的層次，「她必須活著，經受折磨，煎熬……用這樣的方式來贖自己的罪，罪贖完了，才能一身輕鬆地去死。」姑姑把「受折磨」與「贖罪」混爲一談，沒從覺醒的人性提升到戰勝盲從黨性實爲獸性的高度，使贖罪顯得淺薄和蒼白。

「左」「右」逢源內外通吃

莫言得獎後，熱捧他的人替他辯解說，眼睛不要盯著他中共官員身份，要看他在作品中如何書寫，含蓄地提醒人們，他的作品是「反體制的」。

是的，不能定性莫言的作品是「歌德派」，相反，《豐乳肥臀》

裏的地主、國民黨都有不少正面表現，甚至入侵中國的日本兵的隨軍軍醫還救了孕婦（母親）和雙胞胎嬰兒的命，而共產黨員的形象都很負面。以至書出版後，那些參加過抗日的老作家大罵莫言顛倒黑白，抹黑共產黨。《蛙》對計劃生育的殘忍也多有揭露。自相矛盾的是，莫言對喪失人性的計劃生育的評價却是相反的，他爲中共辯護：「地球上的資源就這麽一點點，耗費了不可再生，從這點來說，西方人對中國計劃生育的批評，是有失公允的。」如此大煞風景的話，一筆抹殺了計劃生育中的所有罪惡，更別說把類似陳光誠那樣對抗計劃生育的人物寫進書裏了。

《生死疲勞》裏寫藍臉堅持單幹不入合作社，受盡壓力和磨難，到八十年代推行包產到戶，宣告了他的「勝利」，批判和否定了中共三十年的農村政策，似乎是「反體制」的。但《生死疲勞》和《豐乳肥臀》的故事都跨越六四，書中却絕口不提六四，如果公開談六四無法出版，他可以用拿手的「魔幻」手法來隱喻一番，可惜，他不敢！所以許多讀者說，莫言的長篇小說最多能看前半部。原因是，政府允許論說的內容，他寫得比較放開，政府絕對禁忌的話題，他决不涉及，只能草草了結，精明盤算分寸拿捏都十分到位。

有人對此抱以同情，認爲在無形的政治高壓下，喪失自由心靈的莫言奴役成性，潛意識裏習慣成自然地左右逢源，弄得左支右絀兩面不討好。這當然是一個原因，但還不儘然。莫言在回答關于《生死疲勞》的采訪中說：「時間和被遺忘的關係，或者是歷史跟遺忘的關係——時間、歷史、遺忘。西門鬧（小說中被冤殺的地主）當初作爲一個滿腔怨恨的靈魂，甚至是不屈的靈魂，在陰差陽錯之下轉成各種動物。但是隨著時間的推移，任何的仇恨都會慢慢的消滅，所有的痛苦都會在時間的長河裏淡化掉，或者被漸漸遺忘掉。……我想進入 21 世紀以來，我覺得現在這個社會逐漸在倡導一種和解，或者說在提倡一種和諧，和解、和諧最主要的前提就是要遺忘」。

這個調門簡直就是爲中共的「和諧社會」代言，在中共執政歷史上的諸般罪惡——土改、鎮反、三反五反、反右、文革、六四——還沒清算的情況下，提倡遺忘除了幫閑還能說明什麼？在共產國家生活過的大作家，索爾仁尼琴、米蘭·昆德拉、凱爾泰斯等人的作品，都體現了一個主題，就是「人和强權的鬥爭就是記憶和遺忘的鬥爭」。因爲有了記憶才能不忘刻骨銘心的痛，才能反思造成痛的制度之惡，人性之惡，才能尋求正義，才能最終撫平創傷，得到真正的和諧。

其實，以「左」和「右」的觀念檢討莫言，或者用他作品中的「反體制」色彩與他言行的「相悖」證明他人格分裂，說對也對，說不對也不對。莫言是一個有啃煤渣和常年餓肚子經歷的人，他原初的寫作動機是「做作家能够三頓吃餃子」，可悲的是，衣食無憂後他仍沒擺脫這種小農意識，養尊處優後功名利欲變本加利。中國的慘烈歷史，民族的灾難，農民的疾苦，社會道德的淪喪，人性的墮落等等，都不過是他書寫時拿來利用的道具，就像他把「魔幻」拿來做工具。從這種意義上說，莫言超越了「左、右」，因爲他根本就沒有左、右觀念，一切以自己的利益得失爲準星。他可以右手寫「批判體制」的作品，左手拿體制給予的所有好處，還有純文學商業化，一樣都不少。如此理念主導下寫出的長篇小說除了大雜燴，哪裏會出深具人文主義情懷的藝術品？

厚顏無耻的犬儒告白

莫言在 2009 年的一個專訪中，回答是否看過赫塔·穆勒（當年諾貝爾文學獎得主）的作品時說：「看過（穆勒作品）片段介紹，沒什麼出奇之處，這種東西很多。很多東歐跑到西方的作家都用這種方式寫作，像米蘭·昆德拉這些。幾乎所有從東歐社會主義陣營裏流亡到西方的作家，都在用這種筆法來寫作，控訴他們母國在政治高壓下這種荒誕的現象，控訴人的自由在這種社會中受到的壓制，以及人的精神扭曲，基本都是這個路數。我覺得他們都還是在控訴黑暗的政體這個高度上，并沒有上升到超越政治的高度，偉大的文學一定是超越政治的，肯定不是把控訴一個政體對人的壓迫作爲最大的目標。」

看到這裏，不由啞然。

確實，純粹從文學的角度而論，相比陀思妥耶夫斯基和卡夫卡等作家的作品，索爾仁尼琴和米蘭·昆德拉等作家的作品也許稱不上偉大，但這個話由莫言說出來，可比大陸流行的一個笑話，有人對吃不飽飯的人說，西方社會的人都在減肥了，你的意識超前了。

一個對身邊每日發生的罪惡視而不見的犬儒，竟大言不慚地蔑視用文學揭露共產社會真相的作家，一個身爲作協副主席，任由政府監禁無數寫作者而不敢發聲，無論藝術水準還是道義理念根本無法攀比東歐反體制作家的附庸文人，却奢談不屑局限于批判獨裁專制，而要超越這個層次寫偉大的小說，正是不知天下有羞耻兩字。

莫言還煞有介事地提出超越的見解，要像巴金晚年的反思，達到「他人有罪，我也有罪」的深度，「你如果不是一個受壓迫者，你肯定是一個壓迫者，在這樣的社會裏，你不是一個鐵錘就是一個鐵砧。」在他看來，控訴政治對人的壓迫的作家只批判「他人有罪」，而沒有上升「我也有罪」的高度，寫出的作品不可能偉大。這話說得很好，但他真有這樣的境界，何止要反思過去的「我也有罪」，現時現地他是作協副主席，是製造文字獄的「壓迫者」，是幫閑幫凶的「現行罪人」，他要擺脫自己的罪性，首先就該丟弃作協副主席的寶座，他捨得嗎？

不管莫言怎麼貶低東歐反體制作家，可以肯定的是，他們用文字記錄的共產暴政，是反人類的共產歷史的佐證，將和失敗幷最終消亡的共產史一起爲後人閱讀，而莫言的作品可以借諾貝爾的光環風靡一時，但早晚會成爲中共文化的附屬品被掃進歷史的垃圾堆。

莫言爲什麽能得獎？

有人會不解，有人會詰問，莫言如果像你說得這麽不堪，他怎麽會得諾貝爾獎？

這看似不可思議，却一點也不奇怪。

首先，莫言用南美的「魔幻」粘貼在高密上，還自鳴得意地自詡建立了「高密東北鄉文學王國」，但在大多數大陸讀者看來，他的「王國」不過是穿著邋遢長衫馬褂的中國人系領帶戴西洋禮帽，不倫不類丟人現眼。他以糟蹋農村和農民形象爲能事，煮出一鍋濃濃的冠名爲「魔幻」「高密東北鄉」的怪味湯，大多數國人聞之如腐爛黴變惡臭的泔水，只有沒經歷過大陸當代歷史，不解大陸民瘼的港臺人吃來有點麻辣刺激，而西洋人更在莫言的惡癖中找到了臆想中的中國農村和農民，覺得他的小說新穎奇詭，酸臭的怪味湯成了獨特的東方珍饈瓊漿。

所以，在對莫言作品的評價上，出現了奇怪的反差，港臺讀者高于大陸，外國——主要是漢學家——又高于港臺，莫言成了作品被翻譯成外文最多的中國當代作家。美國的漢學家葛浩文就此迷上了莫言，他用去粗取精的譯法，把一堆醜陋腌臢的石頭清洗打磨，弄出譯本比原作更有文采的奇觀。所以，文章開頭提到的查建英，莫言的中文小說看不下去，却說英文譯本讀得很有味。這樣的「佳話」打破了翻譯界的常規。人們所知的現象是，愈是精品愈難翻譯，《紅樓夢》翻成英文，能够傳達六、七成意思已經很好了，反之，莎士比亞的作品翻成中文也可能同樣如此。

至于莫言如何諂媚大江健三郎，甚至《蛙》用僵硬的給日本友人（大江健三郎的原形，比如喜歡薩特等情節）的書信形式編撰小說等說辭有誅心之嫌，這裏略去不表。

總之，莫言成功了！

莫言得獎的後果

雖然我對莫言的作品提出了這麼多异議，但對他得諾貝爾獎幷不介意。一百多年來，諾貝爾文學獎選錯作家的例子幷不少見，其中頒給中國作家和有關中國的作品——1938 年美國作家賽珍珠因描寫中國農村的作品《大地》獲獎——尤其離譜。如同外國政治家總是誤判中國的政情，外國文學家也絕難評介中國文學，因爲他們不可能真正讀懂中國和中國人，所以，在他們的謬獎榜上再多一個莫言不足爲奇。何況，瑞典文學院可以給不够格的作家戴上桂冠，但揠苗拔高不能維持他們作品的生命力。如今，中國人還在讀上世紀三、四十年代的魯迅、沈從文、張愛玲等人的作品，有多少人在讀《大地》？

我介意的是給莫言頒獎對中國文學的影響，作家肖亮說得好：瑞典文學院「給中國兩個明確信號：一，在中國現存政治制度下，作家們已經可以公開出版具備世界級榮譽的文學作品，中國現有的言論出版制度不需要進行脫胎換骨的改革；二，中國禁止言論出版自由的制度已經得到西方民主國家的認可，他們自許的三個代表之一——代表先進的文化已由西方國家提供了不容置疑的證據，他們將再接再厲，繼續維護和鞏固這種便于自己撈取各種利益的制度。」

除此之外，就文學本身而言，以莫言爲代表的中國「主流」作家，躲避崇高和理想精神，漠視現實社會的不公不義，遠離民衆對文學的期待，用各種文學流派和主義包裝怪力亂神性和不食人間烟火的故事和人物，再設置各種文學獎項在小圈子裏分贓，「主流」

文學陷入自娛自樂的游戲境地。「主流」作家在拋弃大衆時，他們的作品也被大衆拋弃，失去了活水源頭的文學處于瀕死狀態，莫言得獎是一支强心劑，將激勵中國「主流」作家在文學歧路上越走越遠，這正是大陸作協所樂見的絕佳效應。毫無疑問，被官方認可的文學愈「繁榮」，國內堅持自由寫作的作家的空間就愈逼仄，這是瑞典文學院必須面對的頒獎給莫言的後果。

原載《自由寫作》2012 年 11 月號

莫言「宣言」——我是犬儒我怕誰？

莫言非「莫言」

莫言獲諾貝爾文學獎，給死乞白賴的中國文學扎了一針鶏血，連負責嚴控文化宣傳的中共政治局常委李長春都高調出面祝賀，二零一二年的諾貝爾文學獎頒獎成了中國文學的嘉華年會。

中共不會看錯人，莫言是值得褒獎的，他歷年的表現早已記錄在案，有目共睹。二零零九年法蘭克福書展上，戴晴等异議作家發言時莫言毫不猶豫地退席；二零一零年，被問及如何看待諾貝爾和平獎得主獲刑時，莫言以閉口「莫言」作答；今年受邀抄寫《在延安文藝座談會上的講話》，莫言慨然應允揮筆抒情。綜上所說，莫言黨性過硬，經得起考驗，是稱職的作協副主席。莫言還寫過「唱紅打黑聲勢隆，舉國翹首望重慶」贊美薄熙來，如果薄熙來哪天翻盤回潮，莫言照樣政治正確，更會文運亨通。

許多人據此調侃中國的「莫言」得獎了，欣喜若狂的莫言不以爲意，開始滔滔不絕地給予回應。他深知用諾貝爾獎（獎勵有理想傾向的作品）評比標準衡量，自己一身軟肋，處處污垢，就心虛又沾沾自喜地宣稱，「諾貝爾文學獎是文學獎，不是政治獎」，自己得獎「是文學的勝利」。可惜，說這話時莫言忘了，十年前另一位華人异議作家得諾貝爾文學獎時，中國政府譴責評委會是「出于別有用心的政治動機」，他所在的中國作協指責頒獎「有其政治目的」，當時他怎麼不站出來反駁，「這是文學獎不是政治獎！」更有甚者，莫言還借機爲中共的新聞出版管制張目，鼓吹現在的中國「是一個可以自由言說的時代」，幷奴性十足地說「絕對自由出不了好作品。」此謂一舉兩得，既爲中共治下的絕對不自由辯護，又通過肯定創作環境嘉許自己作品的價值。

誰說他「莫言」，他爲主子圓場的話說得十分乖巧，可見，莫言非「莫言」。

在頒獎禮中繼續爲中共代言

莫言這樣言說幷不意外，十年前，他在接受鳳凰台記者的采訪時就坦言，「我走上文學動機不純，想寫本書賣了，能一天三頓都吃餃子，沒想到過要替人民說話。」如今他當上作協副主席，是党給了他能天天吃餃子的厚祿，他理當爲黨說話。

也許在得意之際忘了形，莫言不慎失言，漏出一句出格話：「希望劉曉波早日出獄」。有人善意地對此過度解讀，以爲過去莫言爲吃體制飯，不得已說了違心話，做了違心事，如今得諾獎了，不在乎政府的壓力，將在頒獎典禮及未來籍自己的獨特身份勇敢發聲了。

然而，人們高估了莫言的良知，殷殷的期待落了空。莫言在頒獎活動中的表現毫不含糊地昭示「你們看錯了人！」他還是那個作協副主席，還要保持自己的原有本色，秉持自己的堅定立場，不辱維護党國利益的使命。

在回答記者的各種提問和演講中，莫言有備而來侃侃而談。爲撇清得到中共高層贊揚帶來的負面影響，他强調，諾貝爾文學獎是給個人的榮譽，不是頒給中國文學，更不是頒給一個國家。話音未落，他在答謝詞中又承認，「如果沒有三十多年來中國社會的巨大發展與進步，如果沒有改革開放，也不會有我這樣一個作家。」這話正好合上李長春的調子，「莫言獲得諾貝爾文學獎，既是中國文學繁榮進步的體現，也是我國綜合國力和國際影響力不斷提升的體現。」面對中國是否有言論自由問題，莫言說，「你去看看中國的網站，你就會知道中國有沒有言論自由，」他假裝不知有人僅因幾篇網文被判重刑，還說中國的新聞出版審查是必要的，好比出國「申請簽證」和「坐飛機安檢」，故意把爲包括被檢者在內的旅客安全和爲黨國安全的新聞出版審查混爲一談。莫言還自欺欺人地說，不知道有作家受刑，忘了上月剛說過「希望劉曉波儘早出獄」，再以作家也會因行竊和殺人坐牢爲例，顧左右而言他地否定中國作家因言羈縻的現實。

莫言偷換概念强詞奪理，聽上去十分「機巧高妙」，却不過是耳熟能詳的外交部發言人的辭令，他更像在大庭廣衆表演的政客，而不是在文學典禮上領獎的作家。

「我是犬儒我怕誰？」

對此，有人譏諷莫言在斯德哥爾摩展示斯德哥爾摩綜合征，這話說對了一部分，斯德哥爾摩綜合征患者是受虐者對施虐者習慣性地依賴盲從，但莫言的問題還不這麼單純。

當記者再提身在囹圄的和平獎得主時，莫言斷然回絕，「我從來都喜歡獨來獨往。當別人脅迫我要幹一件事情的時候，我是從來不幹的。我該說話了，我自然會說話，別人逼著我表態的時候，我是不會表態的。」不知就裏的外國人聽了，這話說得牛氣沖天，莫言是個多麼特立獨行的人！但明辨真僞的中國人沒這麼好蒙，無論他如何拿喬掩飾，不過暴露他的犬儒、鄉願本相。因爲包括這番話在內，他在頒獎活動中的所有言說，恰恰是在掌握他仕途名利的中共有形無形的脅迫——說得好聽點是訓誡和教誨——下說出的，而他大膽拒絕不受「脅迫」無懼得罪的，都是對他的利益纖毫無損的無權無勢之輩。

莫言這話，好比受趙太爺欺壓的「下人」請阿Q評理，阿Q盛氣淩人地沖「下人」說「你有什麼資格逼我表態？你愈逼我，我愈不說！」阿Q自身也是趙太爺的奴才，哪怕戴上桂冠披上燕尾服，外觀道貌岸然了，但怯懦的內心并無改變，聽到趙太爺的名字腿就軟了，哪裏能挺直腰杆爲「下人」說話。但他畢竟是「華夏第一人」了，面子總是要的，不敢對趙太爺說三道四，還不敢訓斥「下人」嗎？所以就有了「不聽別人脅迫」的氣勢。當然，事與願違，他說得愈大義凜然，他的懦夫形象凸顯得愈鮮明。

從某種程度上說，莫言確實不受「脅迫」，因爲他總是事先就揣摩好「上意」，所以，他主動抄寫「講話」。得諾獎後莫言非但不反躬自省，還堅稱「絕不後悔抄毛著」，因爲他根本不屑介意「下意」，還泰然回敬草民的批評說，看到「包括在網絡上很多對我的議論和批評，我也感到很生氣。後來我漸漸感覺到，大家關注議論批評的這個人，跟我本人沒有什麼關係。很多人在用他們豐富的想像力塑造著另一個莫言。所以我是跟大家一起來圍觀大家對莫言的批評與表揚。」

好一副「我是犬儒我怕誰」的嘴臉！

事實上，莫言幷非無視批評，而是耿耿于懷。他在答謝詞中迂回隱晦地編了三個故事回擊。第一個故事是：「當衆人都哭時，應該允許有的人不哭，」言下之意，我就是一個面對災難不哭的人；第二個故事是：有時過于敏感較真做「英勇的鬥士」是錯的；第三個故事的「寓言」更深，出現多種解讀：或是群起攻擊我的人不定哪天遭天罰；或是民主不過是多數人的暴政等等，總之，是不是好話，你們自己去理解吧！

喪失良知的莫言，不用諾獎賦予的勇氣去直面權貴，反而殺個回馬槍奚落質疑者，話裏有話地透出驕橫狂妄——我犬儒了這麼多年不是照樣得獎？爲什麼要順從你們的意見改變自己？尤其是那些令我難堪的异見人士，讓我站在你們一邊——沒門！

中國作家進入歌德人格時代

其實，莫言早在三年前就表明了這樣的立場，他在法蘭克福書展的演講中引述歌德和貝多芬的故事說，「有一次，歌德和貝多芬在路上幷肩行走。突然，對面來了國王的儀仗。貝多芬昂首挺胸，從國王的儀仗隊面前挺身而過。歌德退到路邊，摘下帽子，在儀仗隊面前恭敬肅立。」莫言評說，「像貝多芬那樣做也許幷不困難，但像歌德那樣，退到路邊摘下帽子，尊重世俗，對著國王的儀仗恭恭敬敬地行禮反而需要巨大的勇氣。」

好一個自圓其說的奇談怪論！堅守自尊不媚王權「幷不困難」，向國王卑躬屈膝倒「需要巨大的勇氣」！如此贊譽弄臣美化犬儒的論調，除了侏儒人格誰說得出？在暴政面前犬儒卑怯情有可原，雖然怒其不爭，尚可哀其不幸，但犬儒卑怯還要爲犬儒卑怯寫頌詞，就使犬儒變成了犬奴，卑怯滑向了卑鄙。

可悲的是，莫言的表白代表了中國主流作家的心態，也反映了當下中國知識精英整體犬儒化的生態。有趣的是，有自恃和莫言旗鼓相當的作家，在名曰「祝賀」實爲不服時，自誇說「莫言應該得獎，但中國至少還有十個作家够格。」這話說的不錯，無論和莫言比作品水準還是思想境界，中國的主流作家半斤八兩。他們的寫作共性是，「形而上」地揣摩諾貝爾獎評委的好惡，在形式上迎合西方讀者的口味，同時，「形而下」地瞄準商業市場，俯就大衆讀者的低級趣味，還要把持一個原則，所書內容絕不跨越中宣部的禁域，這是主流作家的「一個中心，兩個基本點」。所幸中國永遠不缺供他們發揮的素材，于是，西方現代派技巧 +「沒原因」的中國人的苦難 +「沒來由」的鄉村愚昧組裝成的三合一作品源源不斷。

如今，這樣書寫的莫言成功了，應了魯迅近百年前的「預言」：瑞典諾獎評委「因爲黃色臉皮人，格外優待從寬（授獎），反足以長中國人的虛榮心，以爲真可與別國大作家比肩了，結果將很壞。」今日更「壞」到魯迅無法想像的地步。中共托庇莫言受獎，自滿之情溢于言表，「中國崛起」終于贏得了西方的認同接受；主流作家暗下興奮，既然不避諱御用犬儒也可以成爲世界級「大作家」，他們爲什麼不繼續莫言的道路，盡興享受歌德人格風靡的時代？

原載香港《爭鳴》2013 年 1 月號

喻智官簡介

獨立寫作者。一九五五年生于上海。一九七六年畢業于上海某衛校，同年進上海某市級醫院擔任臨床醫生。一九八八年赴日本留學，日本國學院大學日本文學專業研究生肄業。一九八二年起兼事文學寫作。著有長篇小說《福民公寓》、《殉葬者》，長篇紀實作品《獨一無二的反叛者——王若望》、《鳳毛麟角曹長青》等。一九九六年從日本移居愛爾蘭至今。

喻智官作品

長篇小說：《福民公寓》，臺灣秀威資訊科技股份有限公司二〇一二年出版，加拿大飛馬國際出版社二〇二四年新版。小說以上海「福民公寓」爲背景，全景式地呈現了上海文革的慘烈實況。

長篇小說：《殉葬者》，臺灣秀威資訊科技股份有限公司二〇一八年出版。小說講述在政治蹂躪人性的禁欲社會，戀人戀情如何被政治高壓异化，最後在六四變遷後的時代以悲劇落幕。

長篇紀實作品：《獨一無二的反叛者——王若望》，臺灣秀威資訊科技股份有限公司二〇一三年出版。作品書寫著名民主人士王若望爲爭取中國的民主化，年輕時反抗國民黨，到晚年反叛共產黨，爲此三度入獄，最後流亡美國客死他鄉的一生。

長篇紀實作品：《鳳毛麟角曹長青》，臺灣前衛出版社二〇二三年出版。作品記述曹長青當記者後迄今四十年一以貫之特立獨行的人生軌迹。

谁说尽上海
——《长恨歌》与《福民公寓》之比较

作　　者：喻智官
責任編輯：李豐果
封面設計：Go-Design
出　　版：飛馬國際出版社 (Pegasus International Press)
網　　址：https://www.pegasus-book.com/
電子郵箱：pegasusinternationalpress@gmail.com
出版日期：2024 年 5 月
國際書號：978-1-0688140-4-4

Published in Canada by Pegasus International Press
Library and Archives Canada Cataloguing in Publication
Title: Who Depicts Shanghai Best(Simplified Chinese)
Names: Zhiguan Yu, author
ISBN: 978-1-0688140-4-4 (paperback)
ISBN: 978-1-0688140-5-1 (ebook)

www.ingramcontent.com/pod-product-compliance
Lightning Source LLC
Chambersburg PA
CBHW030439010526
44118CB00011B/715
9781068814044